*Christian Hilker*

# Die Siegesfahrt der Bremen

Christian Hilker

**Die Siegesfahrt der Bremen**

ISBN/EAN: 9783954270514
Erscheinungsjahr: 2012
Erscheinungsort: Bremen, Deutschland

© maritimepress in Europäischer Hochschulverlag GmbH & Co. KG, Fahrenheitstr. 1, 28359 Bremen. Alle Rechte beim Verlag und bei den jeweiligen Lizenzgebern.

www.maritimepress.de | office@maritimepress.de

*Bei diesem Titel handelt es sich um den Nachdruck eines historischen, lange vergriffenen Buches. Da elektronische Druckvorlagen für diese Titel nicht existieren, musste auf alte Vorlagen zurückgegriffen werden. Hieraus zwangsläufig resultierende Qualitätsverluste bitten wir zu entschuldigen.*

# Der Schnelldampfer BREMEN (1927-1941) in Daten

Das auf der Deutschen Schiff- und Maschinenbau Aktiengesellschaft, Werk: Act. Ges. „Weser", Bremen, erbaute Schiff wurde am 14. Dezember 1926 in Auftrag gegeben, am 18. Juni 1927 auf Stapel gelegt, am 16. August 1928 nach einer Taufrede des Reichspräsidenten Generalfeldmarschall von Hindenburg als *Bremen* von Stapel gelassen und nach einer zufriedenstellenden Probefahrt am 5. Juli 1929 an den NDL abgeliefert.

An technischen und sonstigen Daten interessieren:

| | |
|---|---|
| Länge zwischen den Loten: | 273,89 m |
| größte Breite über Spanten: | 31,10 m |
| Seitenhöhe bis Hauptdeck (C-Deck): | 16,40 m |
| Tiefgang: | 10,20 m |
| BRT: | 51 656 |
| NRT: | 21 583 |
| Verdrängung in t: | 14 340 |
| Antrieb: 4 Sätze Getriebeturbinen | |
| (12 Getriebeturbinen; AG „Weser") | |
| Turbinenleistung auf 4 Wellen: | |
| projektiert: | 95 000 WPS |
| erreichte Leistung: | über 125 000 WPS |
| Höchstgeschwindigkeit: | 28,5 kn |
| Dienstgeschwindigkeit: | 26,25 kn |
| Besatzung: | 960 |
| Passagiere: | 2 028 |
| und zwar: | |
| I. Klasse: | 615 |
| (mittels Pullman-Betten zu erhöhen auf:) | (811) |
| II. Klasse: | 300 |
| (auf Kosten der I. Klasse zu erhöhen auf:) | (500) |
| Touristenklasse: | 496 |
| und | |
| III. Klasse: | 617 |

Das Schiff hatte 11 Decks und war durch 14 wasserdichte Schotten unterteilt. Das Ruder hatte Stromlinienform, Typ Oertz. Die vier 16 t schweren Schrauben waren aus Bronze und hatten einen Durchmesser von 4,87 m. Die 5,5 m hohen Anker hatten mit den Ketten (600 m) ein größeres Gewicht als sämtliche an Bord befindlichen Personen. Den Schiffskörper entwarf und erbaute Dipl.-Ing. Hein, für die Maschine zeichnete Dr.-Ing. Bauer verantwortlich.

Geführt von Kapitän Leopold Ziegenbein, hatte das neue Flaggschiff des Norddeutschen Lloyd am 16. Juli 1929 seine Reise von Bremerhaven aus über Southampton und Cherbourg nach New York angetreten. Dabei errang die *Bremen* auf der für die schnellste Atlantik-Überquerung klassischen „Blaue Band"-Strecke zwischen Bishop Rocks und dem Ambrose Feuerschiff mit 4 Tagen 18 Stunden und 17 Minuten bei einer Durchschnittsgeschwindigkeit von 27,83 kn einen neuen Rekord und damit das Blaue Band. Sie erwarb damit jene symbolische Trophäe, die seit 1838 dem schnellsten Atlantik-Liner (1838: der *Great Western*) zugesprochen und seit 1907 vom Cunard-Liner *Mauretania* beansprucht und verteidigt wurde.

Mit dem an Bord des ausgesprochen formschönen Schiffes befindlichen Flugzeug vom Typ Heinkel 1717 stieg etwa 1000 km vor dem Zielhafen das erste von einem Schiff katapultierte europäische Postflugzeug auf.

Die *Bremen* hatte ein Schwesterschiff: die mit 49 746 BRT etwas kleinere *Europa*. Daß gleich zwei Schiffe des gleichen Typs für die Nordatlantikstrecke gebaut wurden, resultierte aus dem (langjährigen) Wunsch des NDL, einen zuverlässigen, fahrplanmäßigen 7-Tage-Dienst in beiden Richtungen zu bieten (jeden Dienstag). Übrigens nahm die *Europa* 1930 auf ihrer Jungfernfahrt der *Bremen* das Blaue Band um Minuten wieder ab, mit: 4 Tagen, 17 Stunden, 6 Minuten (Mittel: 27,91 kn), um es 1933 wieder an die *Bremen* zu verlieren: 4 Tage, 16 Stunden, 15 Minuten; 28,51 kn.

Kommodore Adolf Ahrens:

# Die Siegesfahrt der „Bremen"

*Aufgezeichnet von Christian Hilker*

Steiniger-Verlage Berlin

# Bildverzeichnis

| | |
|---|---:|
| Kommodore Adolf Ahrens | 16 |
| Unsere stolze „Bremen" (Luftbild) | 17 |
| Nachtaufnahme am Pier in New York | 17 |
| Gespenstisch ragen die Aufbauten in die Nacht | 32 |
| Wie klein die Menschen vom Mastkorb aus erscheinen! | 32 |
| Blick ins Ruderhaus der „Bremen" | 33 |
| Eine der gewaltigen Schaltanlagen des Schiffes | 33 |
| Zwei Blaue Jungs der „Bremen" | 48 |
| Jan Maat und Smutje, der Koch | 48 |
| Die Bordkapelle gibt ein Morgenständchen | 49 |
| Festliche Abendunterhaltung an Bord | 49 |
| Bei der Ausfahrt aus Cherbourg | 64 |
| Vor der Einfahrt in Southampton | 64 |
| Kommodore Ahrens erklärt der Besatzung die Lage | 65 |
| Die „Bremen" bei der Ausfahrt aus New York | 65 |
| Die Tarnung auf hoher See beginnt | 96 |
| Anstricharbeit in 70 m Höhe | 96 |
| Ein Malkommando geht außenbord | 97 |
| Schwimmwestenappell für den Ernstfall | 97 |
| Rettungsboote werden verproviantiert | 112 |
| „Das Oberkommando der Wehrmacht gibt bekannt" | 112 |
| Sandsäcke liegen achtern zum Schutz gegen Fliegerangriffe | 113 |
| Alles ist für den Ernstfall gerüstet | 113 |
| Offizierswache auf der Seitenbrücke | 144 |
| Das Gespensterschiff im Nebel | 144 |
| Die Küste von Murmansk kommt in Sicht | 145 |
| Die ersten deutschen Vorpostenschiffe | 145 |
| Unsere „Bremen" wieder daheim! | 160 |
| Die Ankunft der tapferen Besatzung in Berlin | 160 |
| Verleihung der „Goldenen Medaille" der Freien Hansestadt Bremen | 161 |

## Inhaltsverzeichnis

### I. Trotz dicker Luft – wir fahren!

Deutschlands Bahnhof am Meer........................... 7
Kriegsstimmung im Ärmel-Kanal ......,................... 11
„Fahren Sie auf jeden Fall nach New York, captain?"........ 15
Umkehren oder nicht – das ist die Frage ................. 22
Rätselraten in New York*)............................... 26
Sonne aus erster Hand – für die Passagiere............... 32
Das Ziel rückt heran .................................... 38

### II. Schwierigkeiten in New York

Neutralitätsgesetz als Handicap.......................... 47
Waffen und Konterbande stark begehrt ................... 54
Sorgen um unsere Sicherheit ............................ 65
36 Stunden verloren – Leinen los! ....................... 72

### III. Dem Ungewissen entgegen

Unsere Bundesgenossen: Nebel und Regen ............... 81
Antwort an Polen: Auf ihn! .............................. 91
England erklärt den Krieg ............................... 101
Die „Bremen" ändert ihr Gesicht ........................ 105
Kurs entsprechend Englands Haltung .................... 108
Noch ein Gegner: Eisberge.............................. 112
Die „Bremen" im Polarmeer............................. 115

### IV. Im nördlichsten Kriegshafen der Welt

Die „Bremen" in Sicherheit ............................. 127
Warten, warten – nichts als warten ..................... 131
Erlöst! Es geht heim.................................... 148

### V. Wir verholen – in die Deutsche Bucht

Mit Volldampf durch den Atlantik........................ 157
Die englische Sperrzone durchbrochen .................. 159
Unter den Fittichen deutscher Flieger ................... 164
In der Heimat, in der Heimat... ......................... 167
Das Echo .............................................. 171

---

*) Zum Teil geschildert nach den Berichten der direkt Beteiligten

I.

# Trotz dicker Luft – wir fahren

### Deutschlands Bahnhof am Meer.

Ein sonnendurchgluteter Hochsommertag ist mit dem Morgen des 22. August 1939 heraufgekommen. Schon seit Tagen zeigt die breite Wesermündung eher das Gesicht eines stillen, harmlosen Binnengewässers als das eines mächtigen, gefahrvollen Stromes, dem während des größten Teils des Jahres ein zügiger Nordwest wilde Gischtkronen auf die Wellen tupft.

Wäre nicht der lebhafte, abwechslungsreiche Schiffsverkehr, der ohne Unterlaß stromauf und -ab seinen Weg nimmt, es würde kaum etwas darauf hindeuten, daß sich nur wenige Kilometer abwärts auf der Höhe des Rotesand-Leuchtturmes die Mündung einer der lebenswichtigsten Wasserstraßen des Reiches befindet. Aber da ziehen Frachter aller Nationalitäten hurtig ihren Kurs, in ihren stählernen Leibern kostbare Güter bergend, Brücken der Verständigung zwischen den Völkern, denen sie dienen.

Wesermünde, der Welt größter Fischereihafen, liegt in unmittelbarer Nähe. Schier unübersehbar ist die Zahl der Fischdampfer, die, emsigen Bienen gleich, an der Columbuskaje vorübersurren. Haben sie gut gefangen, stecken sie die Nase tief ins Wasser, als müßten sie, von der Last gebeugt, sich voller Anstrengung dahinschleppen. Wie keck und leicht aber gleiten sie auf den Wellen, wenn sie ihren Heimathafen mit Kurs auf ertragreiche Fischgründe wieder verlassen, harten, arbeitsreichen Wochen entgegen.

Daneben tummeln sich Heringslogger, Kutter, Schuten, kleinere Frachtensegler auf dem heute so ruhig dahinfließenden Strom.

Dieses pulsende Leben also vermittelt auch an diesem Tage voll sommerlicher Wärme das Bild eines großen Flusses, der für das Leben der Nation nicht erst seit gestern seine vielfältige Bedeutung erwiesen hat. Vor gut hundert Jahren war sie ein Sorgenkind, diese Weser. Manche Pflege mußte man ihr angedeihen lassen, um sie erst einmal „gesund" zu machen und zur Erfüllung ihrer großen Aufgaben zu befähigen.

Bremens weitblickender Bürgermeister Johann Smidt brachte die „Patientin" zunächst wieder auf die Beine, indem er im Jahre 1827 an der Mündung der Geeste in die Weser, also etwa 70 Kilometer unterhalb Bremens, Bremerhaven gründete. Diese Tochterstadt der freien Hansestadt Bremen war ursprünglich dazu berufen, deren ständig wachsenden Schiffsverkehr mit Übersee abzuwickeln, da die Weser infolge ihrer Versandung bis Bremen für Schiffe größeren Tiefgangs nicht befahrbar war. So erwuchs hier ein Werk, das Jahrzehnte hindurch seinen beherrschenden Einfluß in der bremischen Schiffahrt auszuüben vermochte und dessen würdige, eindrucksvolle Repräsentanten heute die Columbuskaje — Deutschlands Bahnhof am Meer — und der Welt zweitgrößte Schleuse, die Nordschleuse, sind.

Der Bremer Oberbaudirektor Ludwig Franzius machte es sich zur Lebensaufgabe, der Stadt Bremen selbst den völligen Anschluß an das offene Meer zu sichern. War schon durch den Zollanschluß das Projekt eines bremischen Freihafens inmitten der Stadt im Jahre 1885 zur Ausführung gelangt, so mußte sich daran notwendigerweise die Korrektion der Außenweser und der Unterweser anschließen.

Eines der genialsten Werke der deutschen Wasserbaukunst ist damit in den neunziger Jahren des vorigen Jahrhunderts erstanden. Und es ist einer der stolzesten Tage der bewegten Geschichte der Weser, an dem im Sommer 1929 das Riesenschiff, das den Namen der Freien Hansestadt Bremen trägt, jubelnd begleitet von den guten Wünschen der die Ufer umsäumenden Zehntausende, ruhig und sicher von der Stadt bis nahe vor die Mündung des Stromes hinabglitt, das Werk von Ludwig Franzius krönend, wie nie eine Tat zuvor.

Seit vier Tagen hat die „Bremen", das schnittige Flaggschiff des Norddeutschen Lloyd und Deutschlands größter Schnelldampfer, wieder einmal an der Columbuskaje festgemacht. Wie stets, ist auch diesmal der letzte Passagier bereits wenige Stunden nach Ankunft des Schiffes von Bord gegangen und hat mit einem der unmittelbar vom Kai abfahrenden Sonderzüge die Weiterreise ins Binnenland angetreten, die ersten Meter der Fahrt begleitet von den flotten Abschiedsweisen der Bordkapelle.

Seit Tagen schon dimpelt die Reedereiflagge, die den Bremer Schlüssel und einen Anker gekreuzt in blauer Farbe auf weißem Grunde zeigt, in der Flaute hoch oben am Großmast, als sei sie ihres ewigen Dienstes müde. Und doch wird sie sich in wenigen Stunden wieder straffen, wenn das Schiff erst die Leinen losgeworfen und die Fahrt in See aufgenommen haben wird.

Die Ausreise ist von der Schiffsleitung für 14 Uhr vorgesehen. Bereits um 9 Uhr morgens trifft der erste der fünf Sonderzüge mit Passagieren aus dem Binnenlande ein. Sofort erwacht der bis dahin ruhige Kai zum Leben. Die Zollformalitäten sind in aller Kürze erledigt, die ersten großen Gepäckstücke der Fahrgäste gleiten auf den Transportbändern über den Kai in den Riesenleib des Schiffes. Der Weg ihres Daseins steht ihnen auf der Stirn geschrieben. Denn bunt und mannigfach sind Aussehen und Zahl der Hotelkleber, die sie wie eine Visitenkarte in aller Welt herumzeigen müssen.

In vorbestimmten Zeitabständen sind auch die übrigen vier Sonderzüge eingelaufen. Auf und ab wogt der Betrieb in der weitläufigen Abfertigungshalle. An die 1200 Passagiere wollen an diesem Vormittag mit der „Bremen" die Reise über den großen Teich antreten. Zahlreiche Freunde und Angehörige sind mit ihnen gekommen, die Reisenden auf das Schiff und in ihre Kabinen zu begleiten.

Schnell verrinnen die letzten Stunden vor der Ausfahrt. Mit dem Glockenschlag 13.30 Uhr dröhnt die Dampfpfeife der „Bremen" mahnend über das Schiff. In allen Decks erschallen Trompetensignale als Zeichen dafür, daß die Begleiter das Schiff nunmehr verlassen müssen.

„Besucher von Bord!" klingen laut auch die Rufe der Deckstewards über die Decks.

Die letzten Händedrücke werden getauscht, letzte Abschiedsworte gewechselt. Allmählich setzt der Strom der Daheimbleibenden über die Landungsstege ein. Noch einmal, eine Viertelstunde vor dem Loswerfen der Leinen, brüllt die Dampfpfeife zwei lange Töne, die Säumigen zum beschleunigten Verlassen des Schiffes auffordernd.

Starke Schlepper sind mittlerweile längsseits gekommen und haben die Verbindung mit dem Dampfer hergestellt, um beim Ablegemanöver zu assistieren. Die Landungsstege werden eingezogen, die Verkehrspforten geschlossen. Wenige Augenblicke später läßt das Kommando „Leinen los!" harte, schwielige Männerfäuste an Land die schweren Stahltrossen packen und sie von den Pollern lösen.

Die Trossen zwischen den Schleppern und dem Schiff spannen sich. Schnell wächst der Zwischenraum zwischen der Kaimauer und der riesigen Bordwand des Schiffes, das die Zurückbleibenden mit seinen Hunderten von Bullaugen anzublicken scheint, als wolle es noch einen allerletzten Gruß zu ihnen hinüberschicken.

Auf dem oberen Promenadendeck hat die Bordkapelle Aufstellung genommen. „Deutschland, Deutschland über alles", „Die Fahne hoch" klingen die Lieder der Nation auf, sobald das Schiff vom Kai frei ist und im Strom liegt. Auf allen Decks stehen die Reisenden, beugen sich über die Reling und winken den an Land Gebliebenen zu.

Die Schlepper haben ihre Pflicht getan. Die Verbindung wird gelöst. Einer der starken Gesellen nimmt den Hafenlotsen von Bord der „Bremen". Drei lange Töne der Dampfpfeife des Schleppers, der den Lotsen mit sich führt, sind dessen Abschiedsgruß und künden zugleich der Schiffsleitung der „Bremen", daß alles klar ist. Die „Bremen" antwortet zünftig: drei ohrenbetäubende Signale der Dampfpfeife und Dippen der Nationalflagge. Langsam nimmt der Ozeanriese Fahrt auf. Deutschlands Bahnhof am Meer versinkt allmählich am Horizont. Kleiner, verschwommener werden auch die Umrisse der Küste, bis sie schließlich völlig den Blicken entschwinden. Und nicht lange darauf ist mit dem Passieren des Rotesand-Leuchtturmes die offene Nordsee erreicht.

### Kriegsstimmung im Ärmel-Kanal.

Durch nichts unterscheidet sich an diesem 22. August das Leben und Treiben an Bord rein äußerlich von dem der ersten Stunden anderer Reisen. Die Passagiere, überwiegend Amerikaner, sind damit beschäftigt, sich umzusehen und sich, soweit sie zum ersten Male mit der „Bremen" reisen, mit den schönen, gepflegten Räumlichkeiten vertraut zu machen, in denen sie während der nächsten Tage zu Gast sein werden.

Aber irgend etwas ist von Anfang an doch da, das sich wie eine leichte Lähmung auf die Stimmung legt. Eine nicht zu leugnende Spannung ist fühlbar. Noch tritt sie nicht offen zutage. Aber mancher spürt sie um so intensiver. Das europäische Gewitter läßt seine lastende Schwüle heraufziehen ...

Schon in Bremerhaven wollten die Fragen nicht verstummen, ob wir in Anbetracht der politischen Lage denn tatsächlich ausfahren wollten. Sie waren gewiß nicht unberechtigt. Ja, sie waren, was mich betrifft, sogar recht verständlich, da ich seit Jahren den Eindruck hatte, daß die Gefahr eines Krieges zwischen England und Deutschland im Wachsen war. Obwohl von deutscher Seite immer wieder versucht wurde, einen friedlichen Ausgleich in den Beziehungen der beiden Völker herbeizuführen, ließen doch viele Beobachtungen im Ausland in mir die Überzeugung reifen, daß die Engländer das nötige Verständnis für die Lebensinteressen der wiedererstandenen deutschen Großmacht nicht aufzubringen vermochten. Gleichwohl vertrat ich in diesen kritischen Tagen den Standpunkt, daß gegen die Ausreise der „Bremen" keine Bedenken beständen, war ich doch des festen Glaubens, daß England diesen Zeitpunkt für einen Krieg gegen Deutschland nicht für geeignet halten könnte. Jedem, der nicht gerade mit Scheuklappen herumlief, mußte doch längst aufgegangen sein, daß das Risiko für England ungeheuer sein würde, durch eine Kriegserklärung an das neue Deutschland den Bestand seines Weltreiches aufs Spiel zu setzen ...

Am Morgen des 23. August kommen auch mir die ersten Zweifel, ob meine Auffassung richtig ist. Zwischen 6 und 7 Uhr passierten wir die Straße von Dover, die engste Stelle des englischen Kanals. An und für sich wäre es durchaus nichts Ungewöhnliches gewesen, hier starkem Schiffsverkehr aller Nationen zu begegnen. Aber was hat die auffällige Konzentration einer großen Zahl englischer Kriegs= und Kriegshilfsschiffe zu bedeuten? Ich muß schon sagen, es ist eine recht bunte Auslese, die sich hier präsentiert, Kreuzer, Torpedoboote, U=Boote, Minenleger und Vor= postenschiffe. Eine nette Auswahl, nicht wahr? Und dazu noch mitten im Frieden und unverkennbar demonstrativ!

Heftig debattieren die Offiziere der „Bremen" auf der Brücke über die Bedeutung dieses ungewöhnlichen Bildes. Aber auch bei ihnen behält einstweilen noch die Ansicht die Oberhand, daß England jetzt keinen Krieg gegen Deutsch= land entfesseln wird.

Wir nähern uns Southampton, unserem ersten An= laufhafen, ohne den vielfach an Bord umlaufenden Ge= rüchten Beachtung zu schenken, die Schiffsleitung könne sich am Ende doch noch zur Umkehr entschließen. Auch hier sind starke Flotteneinheiten zusammengezogen. Und obendrein müssen wir feststellen, daß die zum Schutze der Hafenein= fahrten von Portsmouth und Southampton ausgelegten Netzsperren inzwischen erheblich ausgedehnt worden sind. Nur noch eine sehr schmale Durchfahrt ist geblieben. Je= doch — auch diese Tatsache vermag meine Meinung vor= läufig nicht zu ändern, daß England das schwerwiegende Kriegsrisiko auf keinen Fall laufen wird.

Lediglich um Zeit zu gewinnen und um am gleichen Tage nachmittags zur festgesetzten Stunde Cherbourg an= zulaufen, ankern wir zwei Stunden unterhalb Southamp=

tons, wo die Paſſagiere mit einem Tender aus- bzw. eingeſchifft werden. Dieſer Tender heißt „Greetings" — es iſt der frühere Seebäderdampfer „Grüß Gott", der nach dem Verſailler Diktat das größte Schiff war, das dem Norddeutſchen Lloyd verblieb. Heute ſchaukelt es wie eine Nußſchale neben unſerer großen, gewaltigen „Bremen".

Nach etwa vierſtündiger Fahrt langen wir in Cherbourg an. Die ſeit dem Frühjahr 1939 ausgebrachten Netzſperren ſind uns nicht unbekannt. Aber ſind die beiden inneren der Bojen, die die Netzwand tragen, nicht bedeutend näher aneinandergerückt? Iſt die Einfahrt nicht viel, viel ſchmaler geworden? Kein Zweifel! Wir ſchätzen: knappe achtzig Meter Breite hat ſie noch!

Für ein Schiff wie die „Bremen" iſt es nicht ungefährlich, dieſe Durchfahrt bei ſeitlich gehendem Strom zu paſſieren. Aber wir ſchaffen auch das. Navigieren iſt, Gott ſei dank, etwas, was wir ganz gründlich intus haben.

Im Hafen von Cherbourg gehen wir vor Anker. Das Ein- und Ausbooten der Paſſagiere nimmt den üblichen Verlauf. Aber wie hat ſich das Hafenbild verändert! Im Gegenſatz zu früher iſt der Hafen von den hier ſtationierten Kriegsſchiffen geradezu entblößt. Die Vermutung liegt nahe, daß die Fahrzeuge die Reiſe nach dem Mittelmeer angetreten haben, um im Falle eines Konfliktes deſſen Sicherung für die Weſtmächte zu übernehmen.

Unter den etwa fünfhundert Fahrgäſten, die in Southampton und Cherbourg die „Bremen" beſtiegen haben, befinden ſich viele, die vorſichtig genug ſind, infolge der undurchſichtigen politiſchen Verhältniſſe ihren Aufenthalt in Europa rechtzeitig abzubrechen und in ihre Heimat zurückzukehren. Als die „Bremen" Cherbourg um 20 Uhr mit Kurs auf New York verläßt, hat ſie rund 1700

Passagiere an Bord. Eine Zahl, die für diese Reisezeit — der eigentliche Rückreisestrom von Europa nach Amerika setzt gewöhnlich erst im September ein — als sehr erheblich zu bezeichnen ist und die sich eben dadurch erklärt, daß viele der Fahrgäste so schnell wie möglich nach Hause wollen.

## „Fahren Sie auf jeden Fall nach New York, captain?!"

Eine ruhige, warme Hochsommernacht geht zu Ende, als wir in der Frühe des 24. August den offenen Atlantik erreichen. Der französische Schnelldampfer „Normandie", der am gestrigen Tage Le Havre verlassen, Southampton angelaufen und dann ebenfalls Kurs auf New York genommen hat, kommt bei Tagesanbruch querab in Sicht. Die „Normandie" läuft volle Fahrt. Mit Bedacht halten wir uns etwas zurück, um dann, wenn wir außer Sicht sind, nötigenfalls einen von der „Normandie" unbemerkten Kurs einzuschlagen.

Das sommerliche Wetter lockt die Reisenden verhältnismäßig früh aus ihren Kabinen. Rasch bevölkern sich nach dem Frühstück die Decks. Das Sonnendeck ist an diesem Morgen besonders stark belebt. Wer möchte auch nicht in den bequemen Liegestühlen ausruhen, die Glieder wohlig von sich strecken und sie den belebenden Strahlen der Sonne preisgeben! Staub und Hitze der großen Städte auf dem Festland sind hier in der herrlichen Weite des Meeres rasch vergessen.

Auf meiner ersten Ronde um 10 Uhr treffe ich schon viele Freunde, die bereits zahlreiche Fahrten über den Ozean mit mir gemacht haben. Herzliche Händedrücke werden gewechselt, Fragen nach dem Befinden der Familie gestellt. Aber schnell wechselt das Thema. Die aktuellen Tagesfragen rücken in den Vordergrund. Kaum einer, der nicht die drückende Schwüle am politischen Himmel empfindet, dem nicht die Frage auf den Lippen liegt: Werden wir noch vor dem möglichen Ausbruch eines Konfliktes New York erreichen?

Aber wie soll man anders antworten, als immer wieder mit der unbedingten Zuversicht, daß das angesteuerte Ziel erreicht werden wird, möge kommen, was da wolle. Denn das Gefühl der Sicherheit und Geborgenheit ist für die Passagiere eines Schiffes und für den guten Ruf der Reederei ein Moment, das gar nicht hoch genug eingeschätzt werden kann.

Diese Ronde auf der „Bremen", die nun seit drei Jahren meinem Kommando untersteht, ist eine der denkwürdigsten, die ich je gegangen bin. Allen Fahrgästen die gute Stimmung zu erhalten, ihre Zuversicht auf eine glückliche Erreichung ihrer Heimat zu stärken, das war meine nicht alltägliche Aufgabe auf diesem Rundgang. Aber ich konnte sie mit gutem Gewissen auf mich nehmen; denn daß ich alle Fahrgäste heil und sicher abliefern würde, daran hat es bei mir niemals einen Zweifel gegeben.

Die Lage auf den beiden Kontinenten hat sich inzwischen nicht gerade zum Bessern gewandt. Das ersehen wir aus dem lebhaften Telegrammwechsel, der zwischen den Passagieren und ihren Angehörigen vor sich geht. Da kommen besorgte Anfragen, ob sich Herr X. oder Frau Y. an Bord befinden. Wenn ja, künden neue Radiogramme von der Freude, sie schon auf der Heimreise zu wissen. Aber es fehlt auch nicht an dringenden Aufforderungen, sich mit dem Nachhausekommen zu beeilen. Andere Passagiere schließlich telegraphieren von Bord, daß sie ihre Reise nach U.S.A. bereits früher, als ursprünglich beabsichtigt, angetreten haben.

Neben diesen Telegrammen privaten Charakters lassen aber auch Anweisungen über geschäftliche Transaktionen, die von Bord zum Festland und umgekehrt gehen, nicht gerade ermunternde Rückschlüsse auf den Stand des politischen Stimmungsbarometers zu.

Glutrot ist die Sonne an diesem Abend am Horizont versunken, einen strahlenden, schwülen Sommertag beschließend, wie er in der Regel zwar in tropischen Gewässern anzutreffen ist, auf dem nördlichen Teil der Erdkugel im Atlantik jedoch zu den Seltenheiten zählt. So mancher Passagier hat seinen ewigen Hunger nach Sonne schon ausgiebig zu befriedigen vermocht und trägt bereits nach diesem ersten Tage der Fahrt auf dem offenen Meer ein Antlitz zur Schau, aus dessen tiefer Bräune man gut und gern auf eine wochenlange Erholungsreise in südlicheren Gegenden schließen könnte.

Aber zwiespältig, wie des Menschen Sinne und sein Geschmack nun einmal sind, ist ein anderer Teil tagsüber eifrig darauf bedacht gewesen, der sengenden Glut durch das Ausfindigmachen eines kühleren Plätzchens zu begegnen. Bei diesem Kampf gegen die Sonne ist der eisgekühlte Whisky-Soda natürlich ein lebhaft begehrter Bundesgenosse.

Wie stets auf einer solchen Reise, so haben sich auch in diesen ersten Tagen die Fahrgäste an Bord zunächst einmal häuslich eingerichtet. Mit peinlicher Sorgfalt sind die Koffer-"Eindrücke" aus der Garderobe entfernt worden, so daß nunmehr jedes einzelne Kleidungsstück für jeden Zweck griffbereit in den geräumigen Kabinenschränken hängt. Denn das gesellschaftliche Leben an Bord eines großen Schiffes fordert auch auf dieser Reise gebieterisch sein Recht.

Das Abendessen ist vorüber. In der großen Gesellschaftshalle und in den Salons finden sich schnell kleine

Gruppen zusammen, den ersten flüchtigen Eindruck ihrer Bekanntschaft zu vertiefen oder aber alte Verbindungen und Freundschaften von früheren Reisen her wieder aufzufrischen.

Eigenartig — da schippert man nun seit mehr als elf Jahren als Schnelldampfer-Kapitän über den großen Teich, hat mit Tausenden von prominenten Männern aller Nationen Händedrücke getauscht, hat eine stets wachsende Auslese schöner Frauen zu seinen Fahrgästen gezählt — und doch empfindet man stets von neuem den zauberhaften, bunten Reiz dieses Bildes gesellschaftlichen Glanzes, wie es wohl nur der Bordbetrieb zu bieten vermag. Das strenge, korrekte Schwarz-Weiß der Herren ist inmitten der farbenfrohen, gelockerten Buntheit der großen Abendtoiletten der Frauen gut und gern so etwas wie ein ruhender Pol in der Erscheinungen Flucht.

Im Rauchsalon hat sich Mister N. niedergelassen und frönt seiner Leidenschaft, eine Havanna nach der anderen spielerisch in blauen Dunst aufzulösen. Wie oft habe ich ihm schon dabei behilflich sein müssen, wenn sich auch mein Konsum an Zigarren in weit bescheideneren Grenzen bewegte.

Mister N. zählt keineswegs mehr zu den Jüngsten. Das schneeweiße, volle Haar ist sorgfältig gescheitelt, und ein Paar kleine, stahlblaue Augen zwinkern unter einer schmalen Stirn mit einem leichten Anflug von Boshaftigkeit in ihre Umgebung.

„Come here, captain!" ruft er mir schon von weitem entgegen, den einzigen leeren Platz, der sich noch an seinem Tische befindet, mit einer nachdrücklichen Handbewegung anbietend.

Mit wenigen Schritten bin ich herangekommen, bin mit kurzen Worten mit den übrigen Herren bekanntgemacht.

Mister N. entwickelt auch heute wieder seinen besonderen Trick, die Meinung anderer zu erfahren. Nicht eine einzige Frage stellt er. Fortgesetzt erzählt er bewußt Dinge, an die er selbst nicht glaubt, so seine Umgebung zum Widerspruch herausfordernd und sich daraus das Bild ihrer Auffassung und Einstellung zu wichtigen Tagesfragen formend.

„Sehen Sie, mein lieber Mister K.", setzt er gleichmütig das durch mein Dazukommen unterbrochene Gespräch fort, „es kommt alles nur darauf an, wer bis zuletzt am besten bluffen kann. Nach dieser Methode handeln ganz zweifellos die Polen, um dabei von Deutschland soviel wie möglich an Zugeständnissen herauszuholen. Krieg in Europa? Machen Sie mich nicht lachen."

Eine hellblaue Rauchwolke ringelt besinnlich hinter diesen letzten, mit merklicher Entschiedenheit gesprochenen Worten her.

Mister N.'s Rezept erweist auch in diesem Augenblick wieder seine Erprobtheit und Zuverlässigkeit. Denn der kleine, rundliche Mister N., der nicht immer im Wohlstand gelebt hat, sondern sein Schicksal mit harter Arbeit zimmern mußte, setzt sich mit einem Ruck in Positur. Zerrissen, abgehackt stehen seine Sätze im Raum.

„Schief gewickelt! Haben wohl den 28. April vergessen? Hitlers letztes Wort gewesen im Reichstag. Wird nicht einen einzigen Schritt zurückgehen. Kenne ihn in dieser Beziehung."

„Es wird alles nicht so heiß gegessen, wie es gekocht wird, sagt ein deutsches Sprichwort. Nicht wahr, captain?" facht Mister N. das Feuer der Debatte auf seine Art weiter an. Und nach meiner Bestätigung fortfahrend:

„Polen ist nicht die Tschecho-Slowakei. Selbst wenn die Deutschen energisch zuschlagen, brauchen sie Monate, um es zu besiegen. Und was kommt dann? England wird sich niemals für einen Staat, der es in Wahrheit nicht im geringsten ernsthaft interessiert, in einen Krieg stürzen."

Jetzt greift auch Mister B. in das Gespräch ein. Als Exporteur amerikanischer Edelhölzer pflegt er umfangreiche Geschäftsverbindungen mit England. Während seines jetzigen Aufenthalts in London ist er zu anderen Eindrücken gelangt als seine Tischnachbarn.

„Meine Herren", läßt er sich vernehmen, „es geht für England gar nicht um Polen. Meine Leute, die ich in den letzten vierzehn Tagen gesprochen habe, besitzen die besten Informationen aus erster Hand. Bringen wir die ganze Sache auf einen einfachen Nenner: Zwei Konkurrenten treten an zum offenen Kampf um die Kundschaft. Polen ist nur ein Vorwand für den einen. Dieses Mal geht die Chose los. Wir kommen vielleicht noch gerade rechtzeitig nach New York."

Wie um seinen Worten gebührend Nachdruck zu verleihen, greift er zum Whiskyglas, leert es in einem Zuge und setzt es hart auf die Tischplatte zurück.

Bedenklich wiegt Mister N. den Kopf. Die Havanna wechselt vom linken in den rechten Mundwinkel hinüber. Erwartungsvoll sieht er mich an, als erwarte er von mir nun eine authentische Entscheidung in diesem Streit der Meinungen. Und als ich beharrlich schweige, stellt er eine der wenigen Fragen, die ich jemals von ihm gehört habe.

„Werden wir auf jeden Fall nach New York fahren, captain?"

Voller Spannung sind die sechs Augenpaare am Tisch auf mich gerichtet, folgen mir, als ich mich erhebe.

„Auf jeden Fall."

Mister N. kennt mich lange genug, um zu wissen, was diese drei Worte bedeuten, daß sie einen Entschluß ausdrücken, an dem ich festhalte, solange es in meiner Macht steht, mögen sich die Ereignisse auch noch so sehr in den nächsten 24 oder 48 Stunden überstürzen, mögen sie der Menschheit auch das bringen, was wohl jeder im Grunde seines Herzens vermieden wissen möchte: den Krieg!

Ich lenke meine Schritte zur Brücke. Mister N. begleitet mich ein Stück Weges. Als er mir „Gute Nacht" wünscht, hält er meine Hand einen Augenblick länger als üblich in der seinen.

„Unter uns, captain: Ich habe selbst das Gefühl, als wenn das Gewitter diesmal zur Entladung kommt. Wer weiß, wann ich wieder auf Ihrem schönen Schiff fahren kann."

Ohne eine Antwort abzuwarten, wendet er sich ab und geht schnell davon.

Einen Augenblick verweile ich auf dem Platz, an dem mich Mister N. soeben verlassen hat. Jedoch — für träumerische Gedanken ist keine Zeit, die Pflicht ruft.

Stolz und sicher zieht die „Bremen" ihren Kurs. Ruhig und regelmäßig wühlen sich die riesigen Schrauben in die Wasser des Atlantik, als würden sie nimmer müde in der Erfüllung ihrer Aufgabe, Schiff und Passagiere zuverlässig ans Ziel zu bringen.

Und mit jeder Umdrehung rückt er näher: der Gigant New York, dessen Wolkenkratzer, überragt von dem imposanten Empire State Building, sich gen Himmel recken, dessen ungeheures Straßenmeer darauf lauert, jeden Ankömmling in sich zu verstricken und festzuhalten, bis er den Odem dieser brodelnden Riesenstadt willig in sich aufnimmt.

### Umkehren oder nicht — das ist die Frage!

Eine der ersten Pflichten, die Morgen für Morgen der Kapitänsteward eines großen Ozeandampfers zu erfüllen hat, ist die Beschaffung des für die Bordzeitung bestimmten Materials von der Funkstation. Der Kapitän eines Schnelldampfers bestimmt nämlich allein, was davon für die täglich erscheinende Zeitung, die „Lloydpost", Verwendung finden soll.

So legt mir mein Steward auch am 28. August pünktlich um 7 Uhr die im Laufe der Nacht von den Funkern aufgefangenen Nachrichten im verschlossenen Umschlag vor. Beim Überfliegen der ersten Meldungen bereits wird in mir erstmalig der Eindruck geweckt, daß Polen in seiner herausfordernden Haltung Deutschland gegenüber noch bestärkt worden ist. Da überdies zwischen England, Frankreich und Polen der bekannte Beistandspakt besteht, heißt es jetzt, den Tatsachen nüchtern ins Auge zu sehen und alle Entscheidungen so rechtzeitig zu fällen, daß eine unbedingte Gewähr für ihren Erfolg gegeben ist. Ich überlege: es wird wenig Wert haben, die Passagiere über die Lage dadurch hinwegzutäuschen, daß ein Teil des Materials nicht zur Veröffentlichung in der zum Mittagessen vorliegenden Bordzeitung freigegeben wird. Im Gegenteil. Jeder Passagier soll erfahren, wie sich die Politik in Europa entwickelt und welches Echo diese Entscheidung in Amerika findet; denn dieses Wissen wird ja die Entschlüsse der Schiffsleitung unter keinen Umständen berühren.

Die ersten, die von der Versteifung der Lage Kenntnis erhalten, sind diejenigen Offiziere, die um 8 Uhr morgens Dienst auf der Brücke tun. Ihre Gesichter sind ernst. Aber die Worte, die sie miteinander wechseln, lassen erkennen, daß sie von dem Gang der Ereignisse nicht einmal überrascht sind.

Selten hat eine Ausgabe der Bordzeitung der „Bremen" so starkes Interesse gefunden und derartige Diskussionen ausgelöst, wie die dieses Mittags. Um 13 Uhr erscheine ich im Speisesaal, meinen Platz zum Essen einzunehmen. Mit der Bordzeitung in der Hand sitzen die Passagiere an den Tischen, sich gegenseitig auf die nach ihrer Meinung besonders aufschlußreichen Meldungen aufmerksam machend.

Wieder stürmt Frage um Frage auf mich herein. Die einen wollen meine ganz persönliche Ansicht über die Ereignisse hören, andere interessieren sich ausschließlich dafür, wann wir frühestens den sicheren Hafen erreichen werden, und eine dritte Gruppe gibt ihrer Meinung dahin Ausdruck, daß es diesmal am Ende doch richtiger gewesen wäre, nicht mit einem deutschen Schiff zu reisen.

Aber ein Seemann, der sich die brüllenden Stürme um Kap Horn genau so um Nase und Ohren wehen ließ, wie ihm die stillen, hellen Nächte in den südlichen Breiten des Ozeans zu einem wundersamen, unvergeßlichen Erlebnis wurden, der in ungezählten schwierigen und unvorhergesehenen Situationen instinktiv das Richtige tat, der darf auch in dieser Lage seinem guten Stern vertrauen.

Und so nimmt denn auch diese Mahlzeit wieder den gewohnten harmonischen Verlauf, klingt schließlich aus in der Zuversicht aller, auf einem deutschen Schiff auch in dieser Lage durchaus geborgen zu sein.

Gegen Abend klopft es an meine Tür. Gerstung, der erste Funkoffizier, tritt herein, überreicht mir ein Code-Telegramm, das soeben aus Deutschland eingegangen ist, und das nur ich nach einem Geheimschlüssel entziffern kann. Es entpuppt sich als eine Warnung aus der Heimat und befiehlt, entweder umzukehren oder einen neutralen Hafen anzulaufen. Dieses Kabel bringt also die Bestätigung jener Meldungen, die unsere Funkstation während der letzten Nacht aufgefangen hat, und die sich zum Teil ja bereits in unserer Bordzeitung wiederfanden. Nun halte ich den authentischen Beweis dafür in Händen, daß auch in der Heimat die Lage als äußerst kritisch angesehen wird.

Was tun? Keineswegs dürfen wir die Augen vor dem ungeheuren Ernst der Situation verschließen. Müssen wir doch damit rechnen, daß England auch ohne formelle Kriegserklärung dazu übergehen wird, die Feindseligkeiten zu eröffnen. Für uns würde das bedeuten, daß wir ohne vorherige Warnung angegriffen werden könnten. Das Bombardement Kopenhagens mitten im tiefsten Frieden steht uns als warnendes Beispiel vor Augen!

Ein Seemann, der gewohnt ist, ein ganzes Leben lang auf sich selbst gestellt zu sein, der Gefahren aus eigener Kraft heraus ohne Hilfe anderer und ohne fremden Rat zu meistern gelernt hat, empfindet vieles impulsiver, aber auch gründlicher als es an Land der Fall ist. Es gilt also wieder einmal, einen Entschluß zu fassen und diesen, einmal getroffen, mit allen Mitteln auf Biegen oder Brechen durchzusetzen.

Telephonisch rufe ich Warning, den leitenden I. Offizier, herbei, der wenige Augenblicke später ins Zimmer tritt. Fragend blickt er mich an, wohl ahnend, daß ich ihm eine Mitteilung von besonderer Wichtigkeit zu machen habe.

„Lesen Sie, Herr Warning", überreichte ich ihm die Übersetzung des Code-Telegramms.

Warning überfliegt die Zeilen, legt dann das Blatt ärgerlich auf den Tisch.

„Schöne Bescherung! Jetzt sind wir halb über den Atlantik, und nun müssen wir auch durch."

„Ganz meine Ansicht", pflichte ich ihm bei. „Das Telegramm verlangt: ‚Umkehren oder einen neutralen Hafen anlaufen.' Nach einem neutralen Hafen sind wir sowieso bestimmt, Amerika ist neutral und bleibt voraussichtlich neutral. Selbst wenn es in den Krieg eintreten sollte, dauert es Wochen, wenn nicht gar Monate, bis es eine solche Absicht in die Tat umsetzen kann. Soweit kenne ich die Verhältnisse. Andererseits: zurückkehren in die Heimat? Das würde bei voller Fahrt drei Tage dauern. Und wer garantiert uns, daß England nicht plötzlich losschlägt und uns irgendwo abfängt, ganz gleich, ob wir durch den Kanal zurücklaufen oder oben um die Shetlands herum? Mir scheint der Weg nach Amerika auf alle Fälle der sicherste und richtige. Schon allein deswegen, weil auf der westlichen Hälfte der Atlantik nie eine so große Zahl feindlicher Schiffe sein kann, wie in der Nähe Englands. Denken Sie nur daran, was wir vorgestern im Kanal von den Engländern zu sehen bekamen! Außerdem werden wir beim Anlaufen New Yorks unsere 1700 Passagiere los und können auch die fünf deutschen Diplomaten landen, die sich unter ihnen befinden. Sie sind jetzt doppelt wichtig auf ihren Posten."

Warning begreift. Er weiß genau, was auf dem Spiel steht, wenn sein Kapitän solche Entschlüsse mitteilt und seine Meinung dazu erbittet.

Wir beschließen, die Reise fortzusetzen, von dem üblichen Dampferweg aber abzuweichen, um möglichst nicht gesehen zu werden. Der I. Funkoffizier erhält den Befehl, den Funkverkehr besonders scharf zu überwachen, vornehmlich jenen fremder Kriegsschiffe, damit wir rechtzeitig einen Anhalt bekommen, wo diese stecken.

Inzwischen ist die Abenddämmerung hereingebrochen. Seemeile auf Seemeile legt die „Bremen" zurück, ihrem Ziel New York entgegen. Von den Fahrgästen, die sich zu dieser Stunde fast ausnahmslos in ihren Kabinen befinden, um sich für den Abend umzukleiden, ahnt niemand, welche wichtigen Entscheidungen die Schiffsleitung inzwischen treffen mußte. Ob man in New York etwas ahnt? Die dortigen Vertreter unserer Reederei werden auch keine leichte Zeit haben ...

### Rätselraten in New York.

Im Hause Nummer 57 Broadway befindet sich die New-Yorker Niederlassung des Norddeutschen Lloyd, Bremen. Von weitem schon lassen sich die Reedereiflaggen über dem breiten Portal des Hauses erkennen, daß hier die repräsentativsten deutschen Schiffahrtsgesellschaften ihr amerikanisches Zuhause haben.

Eine große Halle im Parterre, deren hohe Wände mit weißem Marmor und dunklem Mahagoni getäfelt sind, bietet den verschiedenen Passage-Abteilungen Raum. Zur linken Hand, unmittelbar neben der Auskunft, befindet sich die Abteilung Vergnügungsfahrten. Durch einen breiten Gang getrennt, liegt ihr die Abfertigung für die Passagiere der ersten Klasse gegenüber. Ein nahezu vier Meter langes, maßstäbliches Modell der „Bremen" erregt die lebhafte Bewunderung der zahlreichen Besucher, die Tag für Tag hier verweilen. Die Abfertigungen für die Touristenklasse und die dritte Klasse schließen sich an, so daß die linke Seite der Halle völlig mit dem eigentlichen Bürobetrieb ausgefüllt ist. Die rechte Wandseite ist mit bequemen Sitzgelegenheiten und Tischen ausgestattet, die dem Reisenden Gelegenheit bieten, die Erledigung seiner Wünsche abzuwarten. Der ganze Raum ist erfüllt von jener eigentümlichen Atmosphäre, die überall dort zu Hause ist, von wo aus tausendfach Fäden um den ganzen Erdball laufen.

Gegen die Mitternachtsstunde des 23. August leeren sich in New York die großen Theater, Kinos und Konzerthäuser. Ein breiter, unabsehbarer Strom von Besuchern wälzt sich auf die belebten Straßen und läßt den Verkehr lange Minuten rapide anschwellen. Und in diesem Trubel stehen auch an diesem Abend die Zeitungsverkäufer, stimmgewaltig ihre Anpreisungen in die Nacht brüllend.

"Germany calls ships home!"

"Deutschland ruft seine Schiffe heim!"

Das ist wieder einmal eine Sensation für die Presse! Diese Deutschen sorgen doch wenigstens fürs Geschäft. Hunderttausendfach finden die Exemplare Absatz.

In aufgeregten Gruppen diskutieren die Menschen. Das ist der Krieg! lautet die allgemeine Ansicht, mehr oder weniger begleitet von Kommentaren, die vielfach die Sorge vor den kommenden Ereignissen nicht verhehlen. In dieser Nacht steht das Leben in ganz Amerika unter dem Eindruck der Tatsache, daß Deutschland seine auf See befindlichen Schiffe heimgerufen hat. Die Millionen von Menschen, die allein in New York Tag für Tag aus der Umgebung an ihre Arbeitsstätten in der Stadt eilen, haben in der Frühe des 26. August ebenfalls keinen anderen Gesprächsstoff, als die schicksalsschwere Frage:

Was wird werden?...

Kaum hat an diesem Morgen die Niederlassung des Norddeutschen Lloyds ihre Pforten geöffnet, als auch schon die Fernsprecher ihren rasselnden Gang beginnen.

„Was sagen Sie zu den Zeitungsmeldungen?"

„Ist es wahr, daß die ‚Bremen' zurückgerufen ist?"

„Warum bekommen wir keine Antwort von Bord auf unsere Telegramme?"

Das will und will kein Ende nehmen. Mit stoischer Ruhe wird den aufgeregten Fragern immer wieder versichert, daß keinerlei Nachrichten bei der Agentur vorliegen, die eine Umkehr der „Bremen" nach Deutschland bestätigen.

„Wann trifft die ‚Bremen' denn in New York ein?" will darauf alles wissen.

„Sie ist am Montag morgen fällig."

Das ist die gleichmäßig wiederkehrende Antwort. Denn mehr weiß die Agentur des Norddeutschen Lloyd in diesem Augenblick selbst noch nicht.

Direktor Schröder, der leitende Mann des Norddeutschen Lloyd in New York, muß an diesem Morgen Nerven aus Stahl haben. In aller Frühe holt ihn das Telephon in seiner in Mountclair gelegenen Wohnung aus dem Bett.

„Sie als Manager sind doch ganz bestimmt davon unterrichtet, was mit der ‚Bremen' los ist. Und wenn Sie auch hundertmal das Gegenteil behaupten, Sie m ü s s e n es wissen!"

Aber Schröder ist tatsächlich nichts bekannt. Das einzige, was er weiß: er hat bis jetzt nicht gehört, daß die „Bremen" nicht kommt.

Die Anrufe wollen kein Ende nehmen.

Eiligst verläßt Schröder sein Haus. Tausend Gedanken jagen ihm auf dem Wege ins Büro durch den Kopf. Wenn man ihn schon zu Hause so heimgesucht hat, wie mag es dann erst in der Agentur aussehen? Drängen sich nicht schon die Menschen in der Halle, authentische Auskunft über den Verbleib der „Bremen" erwartend?

Schröders Ahnungen haben nicht getrogen. Mit einem einzigen Blick übersieht er die Vorgänge im Büro, über die ihm völlige Gewißheit wird, als sein Mitarbeiter, Herr Mühlenbrock, Bericht erstattet.

„Ich verstehe Kapitän Ahrens nicht mehr", läßt sich Schröder in seinen Schreibtischsessel nieder.

Mühlenbrock zuckt die Achseln.

„Wer weiß, was Ahrens vorhat? Wer kann sagen, was ihn dazu veranlaßt, das übliche Ankunftstelegramm noch nicht zu schicken?

Direktor Schröder zündet sich, ganz gegen seine Gewohnheit, schon am frühen Morgen eine Zigarette an, tut ein paar tiefe Züge, bläst den blauen Dampf sinnend vor sich hin. Plötzlich erhebt er sich, durchmißt einige Male sein Zimmer und bleibt dann unmittelbar vor Mühlenbrock stehen, ihn fest anblickend.

„Sagen Sie mir aufrichtig, Herr Mühlenbrock, wie denken Sie über die Situation?"

Mühlenbrock weicht dem Blick seines älteren Kollegen nicht aus.

„Zunächst meine ich, daß Ahrens in erster Linie an die Sicherheit des Schiffes denken wird. Zweitens wird er nach meiner Überzeugung alles daransetzen, die 1700 Amerikaner, die er an Bord hat, sicher an ihren Bestimmungsort zu bringen. Er weiß genau, was für den guten Namen unserer Reederei davon abhängt, wenn er New York bestimmungsgemäß erreicht. Ich glaube also, daß wir keinen Grund zu Befürchtungen haben, solange wir keine entsprechende Nachricht von Ahrens vorliegen haben.

„Ihr Wort in Gottes Ohr. Schließlich kann auch ich mir nicht denken, daß Ahrens umkehrt, wenn er schon mehr als die Hälfte der Strecke nach hier zurückgelegt hat. Außerdem — sollte es zum Kriege kommen, Amerika wird doch höchstwahrscheinlich nicht mitmachen."

Mühlenbrock nickt zustimmend.

„Sehen Sie", meint er dann, „auch aus diesem Grunde bin ich der Ansicht, daß Ahrens gar keine Veranlassung hat, nicht nach New York zu kommen."

Gegen dieses überzeugende Argument vermag Schröder nichts einzuwenden. Aber dennoch macht er sich weiter Gedanken über das, was kommen kann. Mühlenbrock versucht, in dem Gesicht seines Kollegen zu lesen, dessen Gedankengänge zu erraten.

Jäh wird die lastende Stille unterbrochen durch das Erscheinen eines Angestellten an der Tür. Durch eine knappe Bewegung des Kopfes fordert Schröder ihn auf, näherzutreten. Er überbringt eine Mitteilung, daß die Hamburg-Amerika-Linie ihre in New York liegenden Schiffe angewiesen hat, sofort auszulaufen und die Rückreise nach Deutschland anzutreten.

Wortlos reicht Schröder Mühlenbrock das Papier.

„Das bedeutet also, daß die Schiffe keine Passagiere an Bord nehmen können."

„Richtig", stimmt Schröder bei.

„Wir müssen also damit rechnen, daß es der ‚Bremen' ähnlich ergeht. Jedenfalls wollen wir alle Vorbereitungen treffen, um im geeigneten Augenblick die Fahrgäste sofort benachrichtigen zu können. Bereiten Sie bitte entsprechende Telegramme an unsere sämtlichen Agenturen im Lande vor."

Mühlenbrock wendet sich zum Gehen. In der Tür trifft er auf einen Angestellten des Cable Department, der im Begriff ist, ein Telegramm hereinzubringen. Sofort erkennt Mühlenbrock, daß es sich um eine Nachricht von der „Bremen" handelt. Schon hat er das Papier in der Hand, fliegt förmlich in das Zimmer zurück und legt Schröder das Telegramm auf den Schreibtisch.

Fasziniert, beinahe ungläubig, starrt dieser auf das kleine Formular. In mühsam verhaltener Freude liest er vor sich hin:

„Ankunft verzögert sich etwas infolge schlechten Wetters. Werde Sie auf dem Laufenden halten.

Ahrens."

Dann kommt er hinter seinem Schreibtisch hervor, schlägt Mühlenbrock auf die Schulter:

„Na also, er kommt doch! Mehr wollten wir ja gar nicht wissen. Nun können wir doch wenigstens allen Fragern antworten, daß die ‚Bremen' kommt, wenn auch mit geringer Verspätung. Geben Sie das bitte sofort den Redaktionen der Zeitungen bekannt."

Als an diesem strahlenden Sonnabendmittag die New-Yorker Angestellten des Norddeutschen Lloyd ihre Büros verlassen, gehen sie so erleichtert ins Wochenende, wie seit langem nicht.

Die „Bremen" kommt! Die „Bremen" kommt!

Daran gibt es nun nichts mehr zu rütteln. Es wird eine Sensation für die New-Yorker Zeitungen, für die ganze amerikanische Öffentlichkeit werden.

### Sonne aus erster Hand — für die Passagiere.

An diesem Sonnabend meint es die Sonne ganz besonders gut. Als ich vormittags das Sonnendeck passiere, kann ich mich eines Lächelns nicht erwehren. Beim besten Willen vermag ich mich nicht zu entsinnen, jemals auf einer Reise nach New York derartige klimatische Verhältnisse angetroffen zu haben!

Da sichtet mich auch schon Misses X., die Gattin eines amerikanischen Bankiers.

„Hallo, captain, was macht der Krieg?"

„Kein Krieg, gnädige Frau", antworte ich.

„Fahren wir wirklich nach New York?" Ein mißtrauisches Lächeln begleitet ihre Frage. Langsam wende ich mich nach Backbord und zeige mit der Hand nach der Sonne.

„Sehen Sie dort die Sonne?"

Durch ihre Sonnenbrille blickt sie in die Richtung meines Fingers.

„Ja", bestätigt sie dann.

„Sehen Sie, gnädige Frau, mittags steht die Sonne bekanntlich im Süden, d. h. für uns an der Backbordseite. Würden wir dagegen in östlicher Richtung, also nach Europa, fahren, müßte die Sonne an der Steuerbordseite sein."

Misses X. sieht mich verblüfft an.

„Oh, captain, daran habe ich nicht gedacht", wendet sie sich dann verlegen ab.

Beruhigt lehnt sie sich wieder in ihren Stuhl zurück, um weiter in der Sonne zu schmoren.

Die in der Nähe liegenden Fahrgäste sind unserer Unterhaltung mit größtem Interesse gefolgt. Sie lächeln,

Gespenstisch ragen die Aufbauten in die Nacht

Wie klein die Menschen vom Mastkorb aus erscheinen!

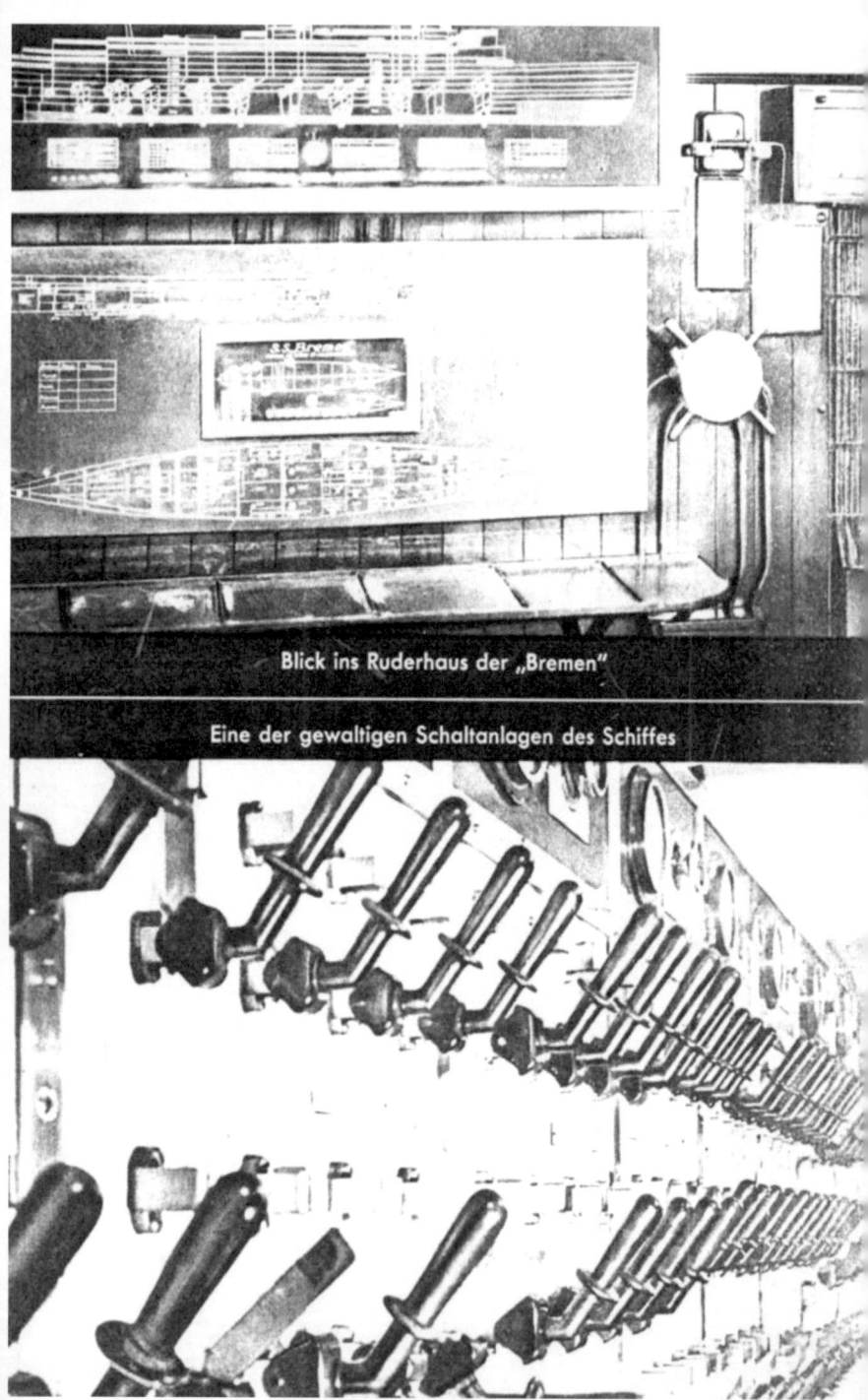

Blick ins Ruderhaus der „Bremen"

Eine der gewaltigen Schaltanlagen des Schiffes

offensichtlich sind sie jetzt alle durch diese einfache Überlegung überzeugt worden. So bin ich hier vor weiteren Fragen sicher.

Aber da kommt Mister Y., ein alter, erfahrener Seereisender, auf mich zu. Er pustet und stöhnt, sich fortwährend mit dem Taschentuch Kopf und Hals trocknend.

„Damned, captain, wo fahren Sie eigentlich hin?"

„Nach New York. Was dachten Sie denn?"

„Nach New York? Aber warum ist es so heiß? Ich mache jetzt meine zweiundvierzigste Reise von Europa, aber noch nie hat uns die Sonne so die Pelle verbrannt."

„Sie haben nicht unrecht. Wir mußten einen etwas südlicheren Kurs nehmen, um einem im Norden befindlichen barometrischen Tief auszuweichen. Sagen Sie selbst, was ist angenehmer, sich hier so behaglich in der Sonne aalen zu können, oder bei hohem Seegang, Sturm und Regen unter Deck bleiben zu müssen?"

„Oh", meint er gedehnt, „ich gelte ja beinahe selbst als Seemann. Mir macht ein bißchen Schlechtwetter nichts aus."

„Aber die Mehrzahl der Passagiere schreit nach Sonne. Und hier kann ich sie meinen Fahrgästen sozusagen aus erster Hand servieren."

Dafür zeigt selbst Mister Y. Verständnis.

„Allright", pflichtet er mir bei und dreht ab an ein kühleres Plätzchen.

Gegen zwölf Uhr kehre ich nach beendetem Rundgang durch das Schiff auf die Brücke zurück. Auch mir ist inzwischen der Kragen weich geworden. Mein erster Blick geht zum Thermometer: 28 Grad, die Luft mit Feuchtigkeit gesättigt.

„Man könnte wahrhaftig meinen, das Quecksilber wäre schon auf 40 Grad geklettert", spreche ich den Navigationsoffizier an.

Der nickt zustimmend. „Kein Wunder, zweihundert Seemeilen südlich vom Kurs — die Passagiere sollten nur wirklich wissen, woher die Hitze . . ."

Die Mittagsstunde zwischen zwölf und dreizehn Uhr dient der Erledigung bestimmter dienstlicher Pflichten. Zunächst wird die von der Navigationswache gemachte Ortsbestimmung kontrolliert und in die Karte eingezeichnet. Der Kapitän setzt den neuen Kurs fest. Überlegungen mit den Offizieren werden gepflogen, Meldungen entgegengenommen. Der leitende I. Offizier berichtet über den inneren Betrieb, der I. Arzt gibt ein Bild von dem Gesundheitszustand der Passagiere und Mannschaften. Einige Abteilungsvorsteher machen Meldung oder wünschen Anordnungen.

Der leitende Ingenieur erscheint auf der Brücke. Er kommt mir heute besonders gelegen.

„Wir wollen einige Überlegungen anstellen, Herr Müller. Bitte, kommen Sie mit in mein Zimmer."

Es sind nur wenige Schritte von der Brücke durch das Karten- und Vorzimmer in meinen Salon. Am großen Tisch nehmen wir Platz. Müller, ein in der Erfüllung seiner Pflichten ganz und gar aufgehender Mann, weiß, daß diese unerwartete Einladung einen besonderen Grund haben muß.

„Wie sieht es mit dem Heizölvorrat heute mittag aus?" will ich von ihm wissen.

Kurz und sachlich wird mir der Bestand genannt.

„Gut, die Menge würde also ausreichen, um von New York aus einen anderen Hafen anzulaufen für den Fall, daß dort Schwierigkeiten bei der Ergänzung unseres Heizölbestandes auftreten sollten. Und wie steht's mit Kesselspeisewasser?"

Auch die diesbezügliche Antwort befriedigt mich.

Da ist aber noch die Frage, wie weit wir mit dem Trinkwasser für die Besatzung reichen, wenn wir gezwungenermaßen nicht vorhergesehene Dispositionen zu treffen haben sollten. Die Evaporationsanlage, die an Bord dazu dient, Seewasser in destilliertes Wasser zu verwandeln, schafft täglich bei voller Ausnutzung mehr als zweihundert Tonnen. Davon wird der wesentlichste Teil für die Kesselspeisung benutzt. Also kann gut und gerne noch ein Rest für die Mannschaft verfügbar sein, folgere ich.

Müller bestätigt meine Überlegungen.

„Ich danke Ihnen, Herr Müller. Dann wollen wir mal abwarten, was uns New York bringt."

„Es wird schon gut gehen, Herr Kapitän."

„Glaube ich auch. Aber Sie wissen doch: Vorsicht ist die Mutter der Porzellankiste. Wir wollen jedenfalls nachher nicht dasitzen und lange Gesichter machen."

Auf meinem Wege zum Speisesaal in der ersten Klasse bin ich mir durchaus darüber klar, daß es auch heute gilt, einem Bombardement von Fragen mutig die Stirn zu bieten. Es kommt nur darauf an, Herr der Situation zu bleiben und, falls es das Interesse des Ganzen erfordert, auch einmal eine kleine Notlüge nicht zu scheuen. Die Hauptsache ist, zaghafte und unruhige Gemüter so fest auf die Beine zu stellen, daß ihnen die Weiterreise ein Genuß bleibt.

Ich habe mich nicht getäuscht. Als haben sie auf mein Erscheinen gewartet, legen die am nächsten Sitzenden die noch druckfrische „Lloydpost" aus der Hand und nehmen mich in ein wahres Kreuzfeuer erwartungsgespannter Blicke.

Innerlich gebe ich mir einen kleinen Ruck und steuere, nach allen Seiten möglichst unbefangen grüßend, meinem an der Steuerbordseite befindlichen Platz zu. Meine Tischgäste sind schon vollzählig versammelt. Das hat doch etwas zu bedeuten! In der Regel pflegen sie sich etwas mehr Zeit zu lassen.

Kaum habe ich mich gesetzt, reicht mir Mister B. ein Radiotelegramm herüber, das er von seiner Frau aus Chikago erhalten hat:

„Zeitungen berichten, deutsche Schiffe nach Deutschland zurückgerufen. Drahte sofort, ob auch ‚Bremen' Reise New York abgebrochen."

Kopfschüttelnd reiche ich ihm das Telegramm zurück.

„Keine Sorge, wir halten weiter Kurs auf New York."

Misses A. zu meiner Rechten kennt offensichtlich bereits den Inhalt des Telegramms. Sie, die sonst eine heitere Ruhe zur Schau trägt, hat sich der mit Elektrizität geladenen Atmosphäre nicht entziehen können. Im Tonfall ihrer Stimme klingt ein wenig Furcht mit, als sie fragt:

„Aber wann werden wir in New York sein, captain? Werden wir die für Montagfrüh festgesetzte Ankunftszeit einhalten?"

Wie oft habe ich diese Frage heute schon gehört! So gewohnt ist sie meinem Ohr geworden, daß ich nur noch schematisch erwidere:

„Wir werden voraussichtlich Montag am Spätnachmittag ankommen."

„Well", läßt sich Mister B. vernehmen. „Aber bis dahin sind es noch gut 48 Stunden. Und in dieser Zeit kann viel passieren."

„Richtig. Aber warum sollte sich nicht doch noch alles zum Guten wenden?"

Der Amerikaner verzieht keine Miene. Als Antwort reicht er mir vielmehr die Bordzeitung.

„Den Inhalt kennen Sie doch, nicht wahr, captain? Die Polen werden immer aggressiver."

„Wird bald aufhören. Ein mächtiges Volk wie die Deutschen läßt sich solche Provokationen auf die Dauer nicht gefallen."

„Also glauben Sie auch, captain, daß es Krieg gibt", stellt Misses A. kurzerhand fest.

„Gnädige Frau", sage ich und muß dabei ein wenig lächeln, „ein Seemann darf nicht glauben, er muß wissen. Aber diesmal weiß ich's auch nicht. Wir können nur hoffen, daß die Polen im letzten Augenblick vernünftig werden."

Inzwischen muß die Stimmung auf dem amerikanischen Kontinent einen ziemlichen Grad von Nervosität erreicht haben. Das offenbart uns die wachsende Zahl von telegraphischen Anfragen, die von Angehörigen und Freunden der Passagiere im Laufe des Nachmittags bei der Funkstation einläuft. Sie alle sind auf den einen Gedanken abgestimmt: Kommt die „Bremen"? Und wann wird sie da sein?

Ja, das ist die Frage, die nirgendwo mehr verstummen will. Ist es denn auch ein Wunder, daß diese Telegramme die Reisenden viel stärker als unsere vorsichtig redigierte „Lloydpost" auf die politische Spannung hinlenken, die seit unserer Abfahrt von Europa Platz gegriffen hat? Diese vermaledeite Drahterei stiftet doch viel Unruhe auf dem Schiff.

Als Warning an diesem Abend seine übliche Meldung macht, kann auch er mir eine gewisse Besorgnis über seine Beobachtungen nicht verhehlen. Wird an anderen Abenden allgemein fleißig dem Tanze gehuldigt, weist das Bordkino eine stattliche Besucherschar auf und finden sich bei den Gesellschaftsspielen Gruppen zusammen, deren ungezwungene Fröhlichkeit immer das beste Stimmungsbarometer ist, so ist das Bild an diesem Sonnabend fühlbar anders.

„Die Politik beherrscht die Gemüter", beginnt Warning. „Das ist im ganzen Schiff das gleiche. Nicht, daß man von einer Angststimmung sprechen könnte, aber wie stets in solchen Situationen ist Stoff vorhanden für die unglaublichsten Kombinationen. Man muß tatsächlich staunen, welch wunderliche Blüten die menschliche Phantasie zu treiben imstande ist, wenn sie nur den geringsten Anstoß dazu erhält."

„Na, Herr Warning, hoffen wir wenigstens, daß unsere Passagiere nicht allzu schwer von diesen Dingen träumen. Im übrigen — warten wir ab, was uns der morgige Tag bringt. Gute Nacht, Herr Warning."

„Gute Nacht, Herr Kapitän."

### Das Ziel rückt heran.

Am Sonntagmorgen erwacht das Leben an Bord trotz des herrlichen Wetters erst zu verhältnismäßig später Stunde. Aus südlicher Richtung weht eine warme, ganz flaue Brise, die ahnen läßt, daß die Hitze der vorhergehenden Tage noch übertroffen werden wird. Wir auf der Brücke machen uns darüber unsere eigenen Gedanken. Sind wir es während der letzten Tage auch gewohnt geworden, mit Fragen nur so überhäuft zu werden, sobald wir uns nur blicken lassen, so machen wir uns jetzt doch darauf gefaßt, daß die Passagiere, die nicht zum erstenmal mit uns über den Ozean fahren, gegen diese fortwährende tropische Hitze allmählich rebellieren werden.

Auf seinem ersten Rundgang von 7 bis 8½ Uhr hat Warning davon noch nichts zu spüren bekommen.

„Ist doch verdammt heiß hier im Schiff, Herr Kapitän. Machen Sie sich für Ihre Ronde nur auf allerhand gefaßt."

In der Tat, die Warnung meines leitenden Ersten war nicht unberechtigt. Kaum etwas anderes sehe ich um mich als stöhnende Menschen, denen das Wasser nur so aus den Poren quillt. Infolge der Hitze haben sie schon während der Nacht nicht richtig zu schlafen vermocht, so daß sie zum Teil einen recht schlappen Eindruck machen. Entsprechend müde klingen denn auch ihre Fragen. Alle wollten sie das gleiche wissen:

Wie kommt es, daß auf einer Reise nach New York ein ausgesprochenes Tropenklima herrscht? Das hat auch der erfahrenste Reisende unter ihnen noch nicht erlebt.

Auf dem Sportdeck kommt Miß S. auf mich zu. Das tiefe Braun ihres Antlitzes steht der jungen Amerikanerin vorzüglich.

„Herr Kapitän, wie lange wollen Sie uns noch braten?"

„Das wird morgen besser, wenn wir die amerikanischen Küstengewässer erreicht haben."

Ungläubig blickt sie mich an. Ein größerer Kreis hat sich bereits um uns versammelt, meine letzten Worte aufschnappend.

„Wie kommt es überhaupt, daß es so warm ist, Herr Kapitän?" tönt es mir entgegen.

Das ist eine Gewissensfrage. Aber ein alter Seemann läßt sich nicht verblüffen.

„Bekanntlich sind wir ein paar hundert Meilen südlicher als üblich. Infolgedessen befinden wir uns jetzt mitten im Golfstrom, und da dieser gegen uns läuft, werden wir New York erst mit einigen Stunden Verspätung erreichen."

So überzeugend kommt diese Begründung aus meinem Munde, daß sie meine wißbegierigen Hörer vollauf zufriedenstellt. Ob das allerdings der Fall gewesen wäre, wenn sie gewußt hätten, daß ich bereits vor zwei Tagen den Kurs änderte, um allen Eventualitäten aus dem Wege zu gehen, darf ich wohl mit gutem Grund bezweifeln.

Mein Rundgang erfährt ein jähes Ende. Ein Läufer — das ist ein Schiffsjunge, der jene Meldungen zu überbringen hat, die telefonisch nicht erledigt werden können — bringt mir eine Mitteilung des wachhabenden Offiziers von der Brücke, es sei ein drahtloser Telefonanruf aus New York für mich da.

Da können wohl wieder einmal die Zeitungen nicht abwarten, bis sie von unserer Vertretung in New York eine definitive Auskunft über uns bekommen! Es wäre auf dieser Fahrt ja nicht die erste Anfrage, die wir von einer Redaktion erhalten. Aber so, wie die übrigen Anfragen unbeantwortet geblieben sind, so wird auch dieser Zeitung das Radio-Telefonat nichts nützen.

Wie angenehm erstaunt bin ich jedoch, als mir beim Betreten der Funkstation der Erste Offizier meldet, Direktor Schröder wünsche mich zu sprechen.

Schröder? Das ändert natürlich alles. Mit wenigen Schritten setze ich über den Korridor in die Telefonzelle.

„Gott sei Dank, daß ich Sie endlich habe! Menschenskind, wo stecken Sie denn eigentlich? Können Sie mir jetzt wenigstens sagen, wann Sie in New York ankommen? Die Sensationsberichte der Zeitungen machen hier alles verrückt. Wenn Sie nur eine blasse Ahnung hätten, was wir gestern vormittag zu tun gehabt haben, um die ewigen Fragereien nach der ‚Bremen' zu erledigen."

„Das kann ich mir wohl vorstellen. Aber Sie dürfen beruhigt sein. Wenn kein Zwischenfall eintritt, liegt das Schiff Montag abend um 6 Uhr am Pier."

„Gut. Ich werde den Zeitungen die übliche Ankunftsmeldung übermitteln, damit sie sie noch heute abend bringen können. Dann werden wir hoffentlich wieder Ruhe haben. Wünsche weiter gute Reise, Kapitän Ahrens."

„Danke, und ich wünsche Ihnen einen ruhigen Sonntag. Auf Wiedersehen morgen abend."

Eigentlich ist dieser Sonntagabend, abgesehen von dem Abend des vergangenen Mittwoch, an dem wir Cherbourg verlassen haben, der einzige, der das sonst an Bord gewohnte Leben zeigt. Es ist der letzte auf dieser Reise, der nach alter Lloydgepflogenheit in allen Klassen das große Abschiedsessen mit dem anschließenden Abschiedsball bringt. Der größte Teil der Fahrgäste hat bereits erfahren, daß das Schiff am Montag voraussichtlich in New York eintreffen wird. Die Erfahreneren unter ihnen haben dies schon aus der bekanntgegebenen Mittagsposition ersehen und an Hand dieser die restlichen Seemeilen, die noch zurückzulegen sein würden, errechnet. So wird die Stimmung denn wieder freier und auf den Gesichtern malt sich die Freude, nach einer knappen Tagesreise zuhause zu sein.

In der Frühe des Montag steht das Schiff etwa 300 Seemeilen von New York. Im Gegensatz zu den Vortagen wird ein etwas nördlicherer Kurs gehalten. Die wenigen Frühaufsteher, die an diesem „blauen Montag" auf den Beinen sind, lenken ihre ersten Schritte zum Kartenanschlag und stellen mit Befriedigung fest, daß die Temperaturen von Luft und Wasser endlich erheblich gefallen sind. Gleichzeitig nehmen sie einen Anschlag der Schiffsleitung zur Kenntnis, wonach die Landung um 6 Uhr abends erfolgen wird. Diese wenigen sind es, die für ein schnelles Bekanntwerden dieser drei wichtigen Tatsachen sorgen. Bald sind die Anschlagtafeln das Ziel der Passagiere.

Meile um Meile legt die „Bremen" zurück. Je weiter der Uhrzeiger vorrückt, um so lebhafter wird der Verkehr auf dem Wasser.

Gegen acht Uhr wird Nantucket Feuerschiff, das erste amerikanische Seezeichen, passiert. Wie immer, so benachrichtigen wir auch heute von dieser Position aus die New-Yorker Lloyd-Agentur, daß es bei der festgesetzten Ankunftszeit bleibt.

Wir sind nicht mehr allein. Frachter auf kreuzenden Kursen werden passiert, Mitläufer überholt, Gegenkommer gleiten vorüber, und es dauert nicht lange, bis mit dem Näherrücken der Küste auch zahlreiche Fischerboote in unsere Sicht kommen.

Als nach Beendigung des Mittagessens jener Teil der Fahrgäste, der das Geschäft des Kofferpackens schon erledigt hat, an Deck kommt, um sich dem Genuß der letzten Stunden auf See hinzugeben, taucht im Norden an Steuerbordseite ein langgestreckter, heller Streifen auf, die Küste von Long Island. Seit dem Verlassen des englischen Kanals ist sie das erste Land, das wir sichten. Unmittelbar darauf kommt der charakteristische Feuerturm von Fire Island in Sicht, und nur wenig später passieren wir das Fire Island Feuerschiff.

Um vier Uhr nachmittags ist Ambrose Feuerschiff erreicht. Seit einiger Zeit bereits steht der Maschinentelegraf auf halber Fahrt. In diesem Augenblick wird er auf das Kommando „stop" gelegt, dem unmittelbar das Kommando

„langsam zurück" folgt. Fast unmerklich geht die Fahrt aus dem Schiff. Das kleine, wendige Motorboot des Lotsendampfers schaukelt längsseits, unsere Treppe wird ausgeworfen, und schon klettert der Lotse, der das Schiff bis New York bringen wird, die Sprossen herauf. Der Maschinentelegraf geht auf „voll voraus".

Mit mittlerer Geschwindigkeit, die aber noch die Höchstfahrt eines normalen Frachters übertrifft, wird die Reise fortgesetzt.

Wenige Minuten vor fünf Uhr passieren wir Staten Island.

Noch einmal wird die Fahrt reduziert. Ein Regierungsschlepper legt längsseits und bringt die Beamten der Einwanderungsbehörde und des Zolls. Auch der Landungsagent unserer New-Yorker Vertretung kommt an Bord. Ihm folgen Reporter, Photographen und Filmleute, die mit dem Interviewen und Filmen prominenter Passagiere stets auf ihre Kosten kommen.

An Steuerbordseite tauchen die weißen Wolkenkratzer der Halbinsel Manhattan auf, eine gewaltige Burg aus Stahl und Eisen aufeinandergetürmt. Kurz darauf grüßt uns die weltberühmte Freiheitsstatue, dieses gigantische, den Amerikanern von den Franzosen geschenkte Monument, das, in seiner imposanten Größe weithin sichtbar, die eigentliche, auf der Höhe der Südspitze Manhattan beginnende Einfahrt in den Hudson überragt.

Langsam, tastend, schiebt sich unser Schiffsriese von mehr als 50 000 Tonnen durch das Gewimmel auf dem Fluß. Meter um Meter gleitet das Schiff seinem Liegeplatz näher, der, wie wohl selten auf einer Fahrt, ungeduldig herbeigesehnt wird. Zum Greifen nahe steht das Ziel vor Augen. Zehn kräftige Schlepper prusten heran, uns während der letzten Viertelstunde der Reise ihre Hilfe beim Drehen und Längsseitsbringen zu leihen.

Der mitlaufende Strom erfordert es, das Schiff zu drehen, es sozusagen mit dem Kopf auf den Strom zu legen. Dann erst wird es vorsichtig an den Pier manövriert.

Mitreißend schallen die Begrüßungsklänge der Bordkapelle zum Pier hinüber, auf dem eine tücherschwenkende, freudig rufende Menschenmenge Kopf an Kopf hinter der Absperrung steht und den Ankömmling begrüßt.

Die Leinen werden an Land gegeben. Und um sechs Uhr abends liegt die „Bremen", wie vorausgesagt, wohlbehalten an ihrem Platz.

## II.

## Schwierigkeiten in New York

## Neutralitätsgesetz als Handikap.

Die ersten, die ihren Fuß auf die Planken des Schiffes setzen, sind Direktor Schröder und Kapitän Drechsel, der Leiter der Außenbetriebe der New-Yorker Vertretung des Norddeutschen Lloyd.

„Wie gut, daß Sie da sind, Herr Ahrens!" ruft mir Schröder entgegen, kaum daß er die Tür zum Kapitänsalon geöffnet hat. In herzlicher Wiedersehensfreude schüttelt er mir die Hand.

„Ja, mein lieber Herr Schröder, schneller ging's nicht", erwidere ich in lakonischer Kürze, um ihm dann aber doch darzulegen, welche Überlegungen mich auf der Fahrt geleitet hatten.

„Wenn auch noch kein Krieg erklärt war, so hatte ich als vorsichtiger Schiffsführer damit zu rechnen, daß diese Erklärung ganz plötzlich kommen konnte. Ich mußte mich also in einer Position befinden, die es mir im Ernstfalle erlaubt hätte, entweder nach Nordwesten oder nach Südwesten auszuweichen und schnellstens in die neutralen amerikanischen Küstengewässer zu laufen."

„Vorausgesetzt, daß Sie nicht wieder durch schlechtes Wetter behindert worden wären", wirft Kapitän Drechsel, mich von der Seite anblinzelnd, dazwischen. Er als alter Seemann hatte natürlich sofort begriffen, was eigentlich los war.

„Die Zeitungen hielten sich nämlich darüber auf, daß alle Schiffe auf dem Atlantik gutes Wetter meldeten, nur die ‚Bremen' nicht. Was war denn das für ein Tief, dem Sie ausweichen mußten, Kapitän Ahrens?"

„Tja — ich konnte Ihnen doch nicht gut telegrafieren, daß ich das politische Tief meinte."

„Das habe ich mir beinahe schon gedacht. Aber Sie wissen doch, was es für uns bedeutet, in Ungewißheit über Ihre Ankunft zu leben und obendrein die entsetzlich neugierigen Frager vertrösten zu müssen."

„Tut mir leid, Herr Schröder. Die Hauptsache ist ja, daß wir nun da sind und daß wir möglichst schnell wieder wegkommen."

„Ganz im Sinne unserer Lloydzentrale in Bremen", pflichtet Schröder mir bei. „Wir sind bereits beauftragt, das Schiff so rasch wie möglich abzufertigen, und zwar ohne Passagiere. Auch die ‚New York' hat gestern abend auf Befehl ihrer Reederei die Rückreise ohne Passagiere antreten müssen."

„Da sind wir uns ja einig. Es hätte sich bei den paar Passagieren ohnehin nicht gelohnt, Cherbourg und Southampton anzulaufen. Außerdem möchte ich unter diesen kritischen Verhältnissen direkt nach Deutschland fahren und den englischen Kanal gar nicht passieren. Denn wer sagt mir, ob dieser sich nicht als Mausefalle für uns entpuppt, aus der ich dann nicht mehr entwischen kann?"

„Es ist bestimmt besser, wenn Sie die Nase da nicht hineinstecken", stimmt Kapitän Drechsel zu. Was er sagt, hat um so mehr Berechtigung, als er als aktiver Seeoffizier während des Weltkrieges seine besonderen Erfahrungen gemacht hat.

Zwei Blaue Jungs der „Bremen"

Jan Maat und Smutje, der Koch

Die Bordkapelle gibt ein Morgenständchen

Festliche Abendunterhaltung an Bord

„Wir sind, wenn es sein muß, zum baldigen Türmen bereit. Wie steht es aber mit der Heizölübernahme, Kapitän Drechsel?"

„Dafür ist gesorgt. Die Leichter kommen gleich längsseits und die Pumperei kann losgehen."

„Dann könnte ich also morgen früh um sechs wieder abfahren?"

„Besser wäre sieben wegen der Wasserverhältnisse", meint Drechsel.

„So einfach ist das leider nicht", erklärt plötzlich Direktor Schröder. „Ich bin davon verständigt worden, daß Präsident Roosevelt heute ein neues Neutralitätsgesetz unterschrieben hat. Alle auslaufenden Schiffe fremder Nationen sind danach einer genauen Durchsuchung zu unterziehen, ob sie Waffen oder Konterbande an Bord führen."

Überrascht sehe ich auf Schröder.

„Komisch, vorläufig herrscht doch noch Frieden."

„Das schon. Aber was wollen Sie dagegen machen, Kapitän Ahrens? Gesetz ist Gesetz. Wir müssen eben versuchen, das Schiff trotzdem so schnell wie möglich freizubekommen."

„Da geben Sie sich nur keinen großen Illusionen hin. Ich weiß, was es heißt, ein Schiff gründlich zu durchsuchen. Dann kommen wir morgen früh nicht weg."

„Wir wollen das Schiff sofort ein- und ausklarieren", schlägt Drechsel vor. „Die Beamten der Zollbehörde sind von Ihrem Eintreffen unterrichtet und warten schon auf Sie. Dabei wird sich dann ja herausstellen, ob die Befürchtungen von Herrn Schröder berechtigt sind."

Sonst habe ich stets Wert darauf gelegt, die Klarierungsgeschäfte selbst zu erledigen. Aber heute ist mir jede

Minute zu kostbar, sie darauf zu verwenden. Es ist viel wichtiger, mit den Herren unserer New-Yorker Vertretung alle Punkte zu klären, um so bald wie möglich die Leinen wieder loszuwerfen und das Schiff den Kurs in die Heimat nehmen zu lassen. So erhält denn Warning nach kurzer Unterrichtung über die Lage den Auftrag, mit dem Schiffsmakler zum Zoll zu fahren und die Ein- und Ausklarierung zu besorgen.

Vom Liegeplatz der „Bremen" bis zur Zollstation am Battery Place, der Südspitze der Halbinsel Manhattan, ist es mit dem Wagen nur ein Katzensprung. Mit wenigen Sätzen eilen Warning und der Makler die breite Freitreppe hinauf, die zu dem von zwei wuchtigen Bronzekandelabern flankierten Portal des Zollgebäudes führt. Raschen Schrittes durchmessen die beiden den großen Korridor, die Verbindung zwischen dem Eingang und dem großen, in seiner Wölbung repräsentativ mit Bildern aus der Seefahrt ausgemalten Kuppelsaal, in dem sich die zahlreichen Abfertigungsstellen der Zollbehörde befinden.

Zu dieser Abendstunde ist das weitläufige Zollbüro bereits leer. Um fünf Uhr nachmittags ist Dienstschluß. Der allein noch anwesende Inspektor ist nur geblieben, weil er von der Lloyd-Agentur telefonisch verständigt worden ist, daß die „Bremen" heute abend noch ein- und ausklarieren will.

Der Makler legt die Schiffspapiere auf den Tisch. Sorgfältig prüft der Beamte die Ladungs-Manifeste sowie die Aufstellungen über die an Bord befindlichen Proviantvorräte, sieht die Passagier- und Mannschaftslisten durch und überprüft die Aufstellung der an Bord befindlichen Anzahl von Postsäcken. Er überzeugt sich, daß alle Papiere ordnungsmäßig vorliegen. Auch die nötigen Unterschriften fehlen nicht. Seine Frage, ob er die Angaben beschwören kann, bejaht Herr Warning. Die Rechte zum Schwur erhoben, bekräftigt er die Richtigkeit.

Der Inspektor gibt dem Makler die Einklarierungspapiere zurück. Die auf dem Tisch ausgebreiteten Ausklarierungspapiere legt er jedoch beiseite.

Bedauernd zuckt er die Achseln.

„Es tut mir leid, ausklarieren können Sie noch nicht. Der Präsident hat heute ein neues Gesetz unterzeichnet. Danach muß Ihr Schiff erst auf Waffen und Konterbande durchsucht werden."

„Also doch!" geht es den beiden Männern durch den Kopf. Warning findet zuerst die Sprache wieder, wenn er auch seine Entrüstung schlecht verbergen kann.

„Dann kann doch hoffentlich mit der Durchsuchung des Schiffes sofort begonnen werden, damit wir New York morgen in der Frühe wieder verlassen können."

Der Inspektor schüttelt verneinend den Kopf.

„Unmöglich. Wir haben keine Leute mehr dafür bereit."

Der leitende Erste der „Bremen" ist sich bewußt, daß er weiter nichts erreichen kann. Aber er weiß auch, was auf dem Spiele steht, und daß er nichts unversucht lassen darf, einen Vorteil herauszuholen. Wenn er auch wenig Hoffnung hat, er will doch bis an die Grenze des Möglichen gehen.

„Also wirklich, gar nichts zu machen?" wagt er noch eine Frage.

„Nein, Sie können aber noch mit dem Boß sprechen. Er ist hiergeblieben, um Ihnen den Bescheid selbst mitzuteilen."

Ein schwacher Punkt von Hoffnung glimmt in den Männern auf, denen es hier um das Schicksal der „Bremen" geht. Doch er erlischt sofort, als sie das Dienstzimmer des Leiters der Zollbehörde betreten und seine undurchdringliche Miene wahrnehmen.

In aller Kürze trägt Warning noch einmal die Angelegenheit vor. Höflich, aber bestimmt ablehnend ist die Antwort des Boß.

„Bedaure aufrichtig, vor morgen früh acht Uhr habe ich keine Leute zur Verfügung, die die Durchsuchung des Schiffes beginnen können."

„Wir müssen uns also in das Unvermeidliche fügen. Wenn ich aber noch eine Bitte äußern darf, schicken Sie uns dann wenigstens recht viele Beamte, damit die für die Durchsuchung des Schiffes erforderliche Zeit auf ein Mindestmaß beschränkt wird."

„Ich werde es versuchen."

Mit diesem vagen Versprechen verabschiedet der Boß Warning und den Makler.

Als sie wieder auf der Freitreppe stehen, hat Warning nur den einen Gedanken: auf dem schnellsten Wege an Bord. Im Kapitänszimmer erzählt er dann, was sich zugetragen hat.

„Sehen Sie, ich hatte doch recht. Leider!"

Ja, Schröder hat recht! Das ist eine schöne Bescherung! Da hat man nun alles getan, um jeder Eventualität gewachsen zu sein, kommt beinahe fahrplanmäßig aus Ziel, landet schleunigst seine 1700 Passagiere, die Tausende von Postsäcken und die mitgeführte Ladung, pumpt sich in Nullkommanix den Bauch wieder voll Heizöl, und nun tauchen am sonst so heiteren New-Yorker Himmel Wolken auf, die sehr bedrohlich aussehen. Denn jede Stunde, jede Minute ist kostbar. Nicht nur, daß auch der kleinste Zeitgewinn für uns die Chance größer werden läßt, vor dem möglichen Ausbruch eines Krieges die Heimat zu erreichen, jeder hier verbrachte Tag kostet uns auch eine schöne Stange Geld.

„Und wer ersetzt der Reederei die Unkosten?" mache ich meinem Unmut Luft.

„Die nimmt ihr natürlich kein Mensch ab. Mit solchen Erwägungen wollen wir uns auch jetzt nicht aufhalten", beschwichtigt mich Schröder.

„Sie haben recht. Ein Trost wenigstens, daß wir Heizöl genug kriegen, um so oder so nach Europa zu kommen."

Kapitän Drechsel beantwortet meine Frage, wann wir mit einer Beendigung der Durchsuchung rechnen können, dahin, daß die Sucher ihre Arbeit um vier Uhr nachmittags zu beenden pflegen. Dann mache der Chief-Inspector, der sie führt, dem Boß Meldung, von dessen Entscheidung es abhänge, ob wir fahren könnten oder nicht.

„Für welchen Zeitpunkt könnte man nach Ihrer Meinung die Abfahrt frühestens festsetzen?" will ich weiter von Drechsel wissen.

„Wenn alles gut geht, auf fünf Uhr, denke ich."

„Einverstanden. Lassen Sie also die Abfahrt entsprechend anschreiben, Herr Warning."

Der leitende Erste verläßt uns, sich dieses Auftrages sofort zu entledigen.

Knapp zwei Stunden sind seit unserer Ankunft vergangen. Eine kurze Spanne nur und doch — wie schwerwiegend beeinflussen sie vielleicht unsere Pläne! Ja, wenn man in die Zukunft sehen könnte! Dann brauchten wir jetzt nicht hier zu sitzen und Kombinationen anzustellen wie ein verhindertes Talent von Kiebitz beim Skat.

## Waffen und Konterbande stark begehrt.

Die Reise der "Bremen" hat nahezu einen halben Tag länger als üblich gedauert. Dieser Umstand hat es mit sich gebracht, daß die Besatzung länger Dienst tun mußte. Würden wir New York am Vormittag erreicht haben, so hätte sie zum Teil nach fünf Uhr ihren Landurlaub antreten können. Denn da ist kaum jemand unter den gut neunhundert Köpfen, der nicht Angehörige oder Freunde in der Riesenstadt hat: scherzhafterweise nennt man New York wohl einen Vorort von Bremen und Bremerhaven, und sicher gibt es kein Besatzungsmitglied eines Bremer Dampfers, das nicht weiß, wie es seinen freien Abend in New York verbringen kann.

An diesem Abend aber sieht es nicht so aus, als könne aus Besuchen der erwähnten Art etwas werden. In der sicheren Erwartung, am nächsten Morgen auslaufen zu können, ist der Mannschaftsurlaub beschränkt worden. Jedermann muß früh an Bord zurück, um am nächsten Morgen rechtzeitig auf dem Posten zu sein.

Aber jetzt hat sich die Lage ja grundlegend geändert. Wenn wir Glück haben, lassen wir frühestens morgen nachmittag um fünf Uhr die Wolkenkratzer New Yorks hinter uns. Warum also nicht der Besatzung die wohlverdiente Entspannung gönnen? Die Urlaubssperre wird aufgehoben. Ein Anschlag im Schiff und die telefonische Benachrichtigung der Abteilungsvorsteher setzt die Leute in Kenntnis. Hunderte nehmen die Gelegenheit noch wahr, trotz des späten Abends an Land zu gehen und in dem gleißenden Lichtermeer der Millionenstadt unterzutauchen.

Dort, wo der Broadway und die 7th Avenue auf den Times-Square stoßen, erhebt sich mit breit ausladenden Fronten das Gebäude der "New York-Times", wie ein mächtiger Keil zwischen den beiden genannten Straßen aufstrebend. Unablässig laufen auch heute die riesigen Leuchtbuchstaben um das ganze Gebäude, die neuesten Nachrichten aus aller Welt bekanntgebend. Inmitten des Gewühls, das hier allabendlich anzutreffen ist, stehen Aberhunderte von Amerikanern, gebannt den breiten Lichtbändern folgend, die da ohne Unterlaß um die Fronten des Zeitungsgebäudes hasten.

„Die ‚Bremen' in New York eingetroffen!"

Das ist die Sensation, die an diesem Abend lebhaft und aufgeregt von der Menschenmenge diskutiert wird. Stimmt es also doch nicht, daß Deutschland seine Schiffe heimgerufen hat? Ist die Tatsache der Anwesenheit der „Bremen" als ein Zeichen für eine Entspannung am politischen Horizont zu werten? Noch immer sind ja die Fäden von Hauptstadt zu Hauptstadt in Europa nicht abgerissen, noch immer ist die Tür für eine friedliche Verständigung nicht zugeschlagen, noch immer erhält sich die Hoffnung, eine Katastrophe von den Völkern Europas fernhalten zu können.

In starken Gruppen fluten die Menschen dem riesigen Eingang des Paramount-Gebäudes zu, das, an der 7th Avenue unmittelbar der „New York-Times" gegenüber gelegen, seine Reklame wie ein Paradefeuerwerk in den Abend blenden läßt. Die Kinopaläste „Roxy" und „Radio City-Music Hall", ein wenig weiter oberhalb gelegen, suchen darin einander noch zu übertreffen. Einem faszinierenden Flammenmeer gleich erleuchtet das grelle Bunt der Leuchtschriften taghell den Umkreis. Pausenlos reiht sich eine Vorstellung an die andere, Filmaufführung und Bühnenschau wechseln in stetigem Rhythmus.

Wohin das Auge auch blickt, es wird geblendet von dem bunten Farbenspiel. Grün, rot, gelb, blau, weiß leuchtet es da von den Häuserfronten, ein ewiges Flackern und Flimmern, ein Aufleuchten und Verlöschen, ein Auffordern und ein Locken wie auf einem tosenden Jahrmarkt.

Die großen Restaurants und Cafés, die vielen Theater in der 42th Avenue, sie alle sind Abend für Abend das Ziel der Abertausende, die in dieses Stadtviertel strömen, um nach vollendetem Tagewerk einige Stunden der Entspannung, der Ablenkung zu verleben.

Eines der exklusivsten Speiselokale dieser Gegend ist der Rainbow-Room, der sich im obersten der 70 Geschosse des Rockefeller Center Building befindet und von dem aus man aus 24 breiten Fenstern New York nach Norden und Süden überblicken kann. Sein Inneres ist von einem einzigen Spiel von Lichtreflektoren erfüllt, das eine wahre Symphonie von Farben ausströmt. Niemand hat Zutritt, der nicht in großer Abendtoilette erscheint.

Weiter im Norden dieser Vergnügungsindustrie findet sich eine Reihe von Restaurants, die im Besitze von Deutschen, Schweden, Dänen und Norwegern sind. In ihnen ist auch der deutsche Seemann zu Hause, weil das Leben hier jenen ruhigen europäischen Anstrich hat, den er gewohnt ist und wie er seiner Lebensart entspricht. Hier tut es auch ein Glas Bier, ein Schnaps, eine Tasse Kaffee oder ein Gläschen Tee; gemächlich kann man seine Zeitung lesen.

Auch die „Bremen"-Besatzung ist in diesem Milieu nicht unbekannt. Wie mancher von ihr ist gerngesehener Stammgast in diesen sauberen, soliden Gaststätten! Als ihre bekannten Gesichter heute hier auftauchen, werden sie mit lautem Hallo empfangen.

„Sie in New York? Ich denke, Sie sind auf hoher See wieder umgekehrt?" meint der beleibte Besitzer eines dieser Lokale zu Steward D., ihm erfreut beide Hände schüttelnd. „Man wußte ja tatsächlich nicht mehr, was man von den vielen Zeitungsmeldungen glauben sollte!"

„Wir haben unseren eigenen Kopf, mein Lieber", scherzt der Steward. „Nach Ihren Zeitungen konnten wir uns nicht richten!"

Vielen der „Bremen"=Leute ergeht es nicht anders. Mancher Amerikaner hat die Meldung von der voraussichtlichen Ankunft der „Bremen" für Montagabend in den Sonntagszeitungen nicht gelesen. Und jetzt staunt er nicht wenig, daß das Schiff da ist und daß ein Teil seiner Besatzung sich so zwanglos an Land bewegt, als gäbe es keine Kriegsgefahr. — — — —

Kapitän Drechsel, der aus Gründen der Zeitersparnis sein Frühstück stets in der Offiziersmesse der „Bremen" einzunehmen pflegt, hat es am Dienstagmorgen besonders eilig. Kaum hat er den letzten Bissen verzehrt, kommt er schnurstracks ins Kapitänszimmer und wirft mir impulsiv einige amerikanische Zeitungen auf den Tisch.

„Lesen Sie mal, was die alles wissen wollen! Dinge werden Sie darin finden..."

Aber ich bin gar nicht danach aufgelegt, die reichlich kühnen Kombinationen der amerikanischen Zeitungsleute in mich aufzunehmen. Ein Blick auf die fetten Schlagzeilen läßt zur Genüge erkennen, was los ist. Mit einer kurzen Handbewegung schiebe ich die Blätter zurück.

„Hallo, nicht so lieblos, mein Lieber", läßt sich Drechsel nicht beirren und zeigt auf eine kleine Notiz, die die Überschrift trägt:

„‚Bremen'=Leute bekommen keinen Urlaub."

Das ist natürlich etwas für mich! Und schon überfliege ich die Zeilen. Der staunenden Mitwelt wird darin kundgetan, daß die „Bremen"=Mannschaft am vorhergehenden Abend keinen Urlaub erhielt, offenbar, weil der Kapitän befürchte, ein Teil könne wegen der drohenden Kriegsgefahr desertieren.

„Was die Zeitungen da nur wieder geschrieben haben! Na, Kapitän Drechsel, vielleicht bietet die Heimreise Gelegenheit, den Beweis dafür zu erbringen, aus welchem Holz meine Leute geschnitzt sind!"

Wenige Minuten nach acht Uhr betreten die von uns sehnsüchtig erwarteten Sucher das Schiff. Immerhin haben die Amerikaner etwa dreißig Mann auf die Beine gebracht. Schon glimmt ein schwacher Hoffnungsschimmer auf, dies könnte doch zu einer schnellen Erledigung der Durchsuchung und zu einer glatten Abfertigung führen.

Der Chief=Inspector meldet sich bei Warning. Er setzt ihm auseinander, wie die einzelnen Suchgruppen das Schiff durchgehen wollen. Der leitende Erste teilt ihnen je einen Offizier zu. Überflüssig, zu betonen, daß die Begleitoffiziere bei dieser Suchaktion nur das eine Ziel vor Augen haben: sie durch ihre Unterstützung so schnell wie möglich zu beenden. Mit gleichmäßiger Ruhe beantworten sie die nicht abreißenden Fragen, die die Sucher vorbringen.

Einige Stunden vergehen, ohne daß von einem Zwischenfall die Rede sein könnte. Da hält es mich nicht länger auf der Brücke. Ich muß hinunter ins Schiff, muß mit eigenen Augen sehen, was im einzelnen vorgeht, wie weit die ganze Aktion überhaupt gediehen ist.

In der dritten Klasse treffe ich auf einen Suchtrupp. Welch ein Unterschied gegenüber den Kontrollen, die bislang auf meinem Schiff durchgeführt wurden! Haben nicht die gleichen Leute, die jetzt das Neutralitätsgesetz auf meinem Schiff zur Anwendung bringen, früher schon unzählige Male zu erkennen gegeben, daß auf der „Bremen" stets alles bis ins kleinste in Ordnung war?

Die Zeit der Prohibition steht wieder vor mir. Selbst damals, als alles besonders scharf durchsucht wurde, hat die amerikanische Behörde nicht den geringsten Anlaß zu Beanstandungen gehabt. Ein Vertrauen, das man sich durch selbstverständliche Korrektheit erworben und das man Jahre hindurch stets aufs neue zu festigen vermocht hat, kann doch nicht über Nacht in die Binsen gehen? So daß man nun machtlos zusehen muß, wie wir festgehalten werden?

Herrgott! stemme ich die Fäuste in die Taschen. Wenn man jetzt so könnte, wie man möchte! Dampf auf! Raus! Sich um keine Behörde und kein Neutralitätsgesetz kümmern! Nur gut, daß die klare Überlegung eine derartige Torheit verhindert. Wohlweislich halte ich mich im Hintergrunde, um nicht doch in die Verlegenheit zu kommen, ein Wort deutlichen Unmuts verlauten zu lassen.

Ein großer Ozeandampfer weist in vielen Räumen Ecken und Nischen auf, die zur Schaffung des Gesamtbildes dem menschlichen Auge unsichtbar gemacht werden müssen. Sie werden daher mit Holz verschalt, und der auf diese Weise gewonnene Platz dient der Aufbewahrung irgendwelcher Gegenstände. Dabei entstehen aber auch Räume, deren Winzigkeit oder unmögliche Form ihre Verwendung für nützliche Zwecke nicht erlaubt.

Niemals ist es vorgekommen, daß diese Ecken bei einer Kontrolle durchsucht wurden. Aber heute werden auch sie eisern unter die Lupe genommen. Da wird gerade einer der Schiffszimmerleute herbeigerufen, um mit Schraubenzieher,

Meißel und Hammer behilflich zu sein, die Verkleidung unter einem Aufgang abzunehmen. Tief stecken die Herren die Köpfe hinein, leuchten gründlich mit der Taschenlampe jeden Winkel aus. Selbstverständlich finden sie nichts. Mag der liebe Himmel wissen, wo wir Waffen und Konterbande versteckt halten!!

Unwillig wende ich mich ab und steige, meinen Gedanken über diese unproduktive Art von Arbeit nachhängend, in die mittschiffs befindlichen Provianträume hinab. Eine größere Gruppe von Suchern prüft die Vorräte an Hand der dem Zoll bei der Einklarierung vorgelegten Bestandsliste. Die hier lagernden alkoholischen Getränke haben offensichtlich ihre besondere Vorliebe gefunden. Flasche um Flasche wird gezählt und mit den Listen verglichen. Aber auch die übrigen Proviantbestände bilden keine Ausnahme. Mit einem Worte: es wird uns nichts, aber auch gar nichts geschenkt!

Auf meinem Wege ins Achterschiff laufen mir einige Beamte, die sich dieser Aufgabe zu unterziehen haben, in die Arme. Vielen von ihnen sieht man es an: sie tun ihre Pflicht, mit dem Herzen sind sie nicht bei der Sache. Und es ist keine leere Geste, als sie im Vorübergehen mit einem bedauernden Achselzucken und einem leise hingesprochenen „sorry, captain" ihre Anteilnahme an dem Mißgeschick zum Ausdruck bringen, das die „Bremen" betroffen hat.

Die Durchsuchung nimmt ihren Fortgang. Wahrhaftig, sie ist auch weiterhin von einer Gründlichkeit, die schlechthin nicht zu überbieten ist.

Selbst der Maschinenraum muß daran glauben. Nicht nur, daß in alle Ecken hineingeguckt und hineingeleuchtet wird, auch die Tanks müssen geöffnet werden und den Beweis für die Harmlosigkeit ihres Inhalts liefern. Den

Wellentunneln bleibt ebenfalls eine gründliche Durchleuchtung nicht erspart.

Das Schwimmbad hat es den Beamten besonders angetan. Ob sie die Schönheit des schillernden Glasmosaik oder der Marmorsäulen so sehr anzieht — wer vermag das zu sagen! Jedenfalls klopfen sie gründlich alles ab, spitzen die Ohren wie ein Luchs, ob da nicht doch plötzlich ein geringer Unterschied im Schall vernehmbar wird, der auf einen Hohlraum schließen lassen könnte. Aber so intensiv sie auch pochen, so sehr sie lauschen, ihr Verdacht erhält nicht die geringste Nahrung.

Was jedoch ist mit dem Boden des Schwimmbassins? Ist es nicht mehr als verdächtig, wie hoch er in der Abteilung für Nichtschwimmer anläuft?

„Was befindet sich unter dem Bassin?" wird der begleitende Offizier gefragt.

„Der Maschinenraum."

„Sicherlich hat das Schwimmbad doch einen doppelten Boden?"

„Allerdings."

„Und was befindet sich zwischen den beiden Böden?"

„Nichts als die notwendigen Abstützungen."

Zweifelnd sehen sich die Sucher einen Augenblick an. Dann ist es entschieden:

„Der Boden muß untersucht werden."

Also in den Maschinenraum! Von hier aus sieht die Decke nicht weniger harmlos aus, als sie es im Schwimmbad als Boden tut. Gleichwohl, der Schiffszimmermann muß einige Platten losnehmen. Der Zwischenraum wird sichtbar. Einer der Sucher steckt seinen Kopf durch das offene Viereck, zieht ihn sogleich wieder zurück.

„All right", nickt er bestätigend.

Ich fange an, mir Gedanken zu machen. Kommst du heute abend überhaupt weg? Diese anfänglich leise Befürchtung verstärkt sich, als Warning mittags meldet, daß die Sucher das Schiff zum Essen verlassen haben. Die „Inspektion" sei jedoch noch nicht halb beendet. Vor zwei Uhr könnten wir kaum mit dem Wiedererscheinen der Sucher rechnen.

„Schöne Hiobsbotschaft, Herr Warning! Da liegen wir nun unter Dampf, verpulvern Öl und kommen am Ende heute abend gar nicht raus."

„Sieht bald wirklich so aus! Könnten wir nicht vielleicht erreichen, daß die Sucher Überstunden machen, damit wir wenigstens am späten Abend oder heute nacht fahren können?"

„Der Versuch kann nichts schaden. Sie treffen ja gleich Kapitän Drechsel in der Messe. Sprechen Sie ihn in meinem Auftrage daraufhin an."

Warnings Anregung ist nicht schlecht, aber ich bezweifle den Erfolg. Und soll recht behalten, leider...

Nach der Mittagspause erscheinen die Amerikaner wieder an Bord, setzen die Suchaktion mit der gleichen Gründlichkeit wie am Vormittag fort. Bereits um vier Uhr läßt ihre Arbeitsfreudigkeit sichtlich nach. Es dauert denn auch nicht lange, bis sie ihre Überkleidung ablegen und sich landfein machen. Gegen fünf Uhr ist bereits der letzte von Bord.

Am Pier schnappt Kapitän Drechsel den Chief-Inspector.

„Na, Chief, haben Ihre Leute was gefunden?"

„Nein."

„Na also. Hätte ich Ihnen gleich sagen können. Nun wird das Schiff also zur Ausfahrt freigegeben, nicht wahr?"

Der Chief-Inspector zuckt die Achseln.

„Tut mir leid, captain. Ich habe darüber nicht zu entscheiden. Muß erst dem Boß Bericht erstatten."

Er tippt mit zwei Fingern gegen den Schirm seiner Mütze und steuert gemächlich dem Ausgange des Piers zu, um sich zum Zollhaus zu begeben. In dessen vier Wänden wird nun in der nächsten halben Stunde die Entscheidung über unser Schicksal fallen.

In seinem auf dem Pier befindlichen Inspektionsbüro wartet Drechsel auf den Beschluß des Zolls. Die Minuten werden zur Ewigkeit. Immer noch nicht will das verflixte Telefon rasseln.

Endlich läutet es. Drechsel reißt den Hörer hoch.

„Hallo", meldet er sich kurz.

Deutlich schwingt die Erregung in seiner Stimme mit. Jetzt muß der Draht die Entscheidung darüber bringen, ob die „Bremen" heute noch fahren kann oder nicht.

Aber nicht der Zoll, sondern ich hänge auf der anderen Seite der Strippe. Denn auch ich warte fieberhaft darauf, wie sich die Amerikaner verhalten werden.

„Haben Sie schon Bescheid, Kapitän Drechsel?"

„Noch nicht, aber ich erwarte ihn jeden Augenblick. Sobald er da ist, lasse ich von mir hören."

Unsere Geduld wird auf eine harte Probe gestellt. Wieder vergehen bald zwanzig Minuten. Da betritt Drechsel mein Zimmer. Sein Gesicht, in dem sich Resignation und Niedergeschlagenheit spiegeln, verrät nichts Gutes.

„Menschenskind", schüttle ich ihn an der Schulter, „was ist los?"

„Gerade eben haben sie angerufen. Die dürfen Sie noch nicht rauslassen. Morgen früh soll weiter gesucht werden."

„So ein Saukram!" schlage ich auf den Tisch. „Den ganzen lieben Tag liegt man nun unter Dampf, in der Hoffnung, wegzukommen. Statt dessen muß man über tausend Dollars durch den Schornstein jagen. Buchstäblich durch den Schornstein!"

„Ich habe getan, was ich konnte. Mein Vorschlag auf Überstunden für unsere Rechnung wurde abgelehnt. Man hätte sonst keine Leute mehr für morgen zur Durchsuchung anderer Schiffe."

Daß die Schiffe anderer Nationen von dem neuen Neutralitätsgesetz ebenfalls betroffen werden, ist für uns natürlich nur ein schwacher Trost. Aber wir können ja nichts anderes tun, als uns fügen, so schwer das auch sein mag.

Gleichmut und Geduld sind Eigenschaften, die wir, hätten wir sie nicht schon besessen, uns in den nächsten vierundzwanzig Stunden in New York gründlich hätten aneignen können. Denn abermals heißt es: Zähne zusammenbeißen, sich in das Unabänderliche schicken!

Ich lasse mich mit dem leitenden Ingenieur verbinden.

„Die Zollbehörde hat das Schiff noch nicht freigegeben. Die Sucherei wird morgen fortgesetzt. Stellen Sie den Dampf ab und machen Sie die Maschine klar für morgen nachmittag vier Uhr.

„Jawohl, Herr Kapitän."

Drechsel steht an der langen Fensterreihe des Zimmers und sieht stromabwärts nach New Jersey hinüber. Die Sache scheint ihm verflucht nahe zu gehen.

„Hören Sie, lieber Drechsel", ermuntere ich ihn, „lassen Sie uns den ganzen Salami für heute abend vergessen. Da ich doch nicht vor morgen nachmittag fahren kann, soll die Besatzung noch mal ordentlich an Land gehen. Ich beurlaube das gesamte Personal, soweit Sie nichts dagegen haben."

„Im Gegenteil, Kapitän Ahrens. Damit widerlegen Sie glänzend die gestrigen Zeitungsmeldungen, daß die ‚Bremen'-Besatzung Urlaubsbeschränkung habe, weil ihr Kapitän Desertionen großen Umfangs befürchte."

Noch im gleichen Augenblick erhält der wachhabende Offizier den Auftrag, diesen Beschluß bekanntzugeben. ——

## Sorgen um unsere Sicherheit...

Pünktlich zur festgesetzten Stunde erscheinen am Mittwoch früh die Sucher wieder an Bord, um sich weiter so gut wie möglich mit ihrer Aufgabe zu beschäftigen. Das, was am Vortage begonnen wurde, soll heute seine Fortsetzung finden.

Dieses Vorhaben bereitet jedoch offensichtliches Mißvergnügen. Unschlüssig, betreten stehen die Gruppen der Zöllner herum, beratschlagend, wo sie eigentlich noch weiter suchen könnten. Schließlich raffen sie sich auf und verteilen sich nach und nach im Schiff.

Abermals keimt die Hoffnung auf, die Ausreise in kürzester Frist antreten zu können. Wenn die Sucher ihrer Pflicht genügt haben werden — finden werden sie bei uns auch heute nichts! —, so ist doch sicherlich kein Grund mehr vorhanden, uns noch länger festzuhalten.

Um die neunte Morgenstunde gibt Kapitän Drechsel den Bescheid, daß zwei Herren der Steamboat-Inspection sich bei ihm eingefunden haben mit der Anweisung, die Sicherheitseinrichtungen des Schiffes zu überprüfen. Drechsels Hinweis, die Zeit für diese sich periodisch wiederholende Inspektion sei noch keineswegs herum, wird mit einer Handbewegung abgetan:

„Befehl der Zollbehörde."

Da haben wir's! Weigerung? Wer im fremden Hafen die Anordnungen der Hafenbehörden nicht befolgt, der wird dort liegenbleiben bis zum jüngsten Tag!

Der Sicherheits-Offizier erhält sofort seine Anweisungen. Als er kurz darauf die beiden Herren, einen ehemaligen Kapitän und einen Schiffsingenieur, am Fallreep in Empfang nimmt, bringt er sie sogleich zum leitenden Ersten Offizier.

Warning begrüßt die beiden mit gemischten Gefühlen. Er weiß nur zu gut, daß dieser unverhoffte Besuch der Mannschaft zusätzliche und unnütze Arbeit verursacht. Auch hier ist es aber entschieden das Klügste, gute Miene zum bösen Spiel zu machen, d. h. für schnellste Abwicklung Sorge zu tragen.

Vor dem Bootsmanöver steigt erst das Manöver „Verschlußrolle". Die unter dem Hauptdeck befindlichen Türen werden auf hydraulischem Wege geschlossen, während die Schließung der Türen weiter oben durch dafür vorgesehene Posten mit der Hand geschieht. Gleichzeitig werden sämtliche Bullaugen dicht gemacht.

Keinen Blick wendet der Kapitän der Steamboat-Inspection von der Kontrollvorrichtung auf der Brücke, die durch Aufleuchten von Kontakten anzeigt, ob die Sicherheitseinrichtungen einwandfrei funktionieren. Und das tun sie. Befriedigt wendet er sich der Ausführung des Bootsmanövers zu.

Grell schrillen die Alarmglocken durch das Schiff. Jeder Mann weiß, was das zu bedeuten hat. Soweit er nicht unbedingt auf seinem Posten bleiben muß, um den Schiffsbetrieb aufrechtzuerhalten, greift er nach einer Korkweste und eilt, so schnell ihn seine Beine tragen, auf das Bootsdeck, sich unterwegs bereits die Schwimmweste, die seine Rollennummer trägt, anlegend.

Aus allen Abteilungen des Schiffes strömen die Leute zusammen. In wenigen Augenblicken stehen die Mannschaften klar bei ihren Booten. Streng ist die Musterung durch die Bootsführer auf Vollzähligkeit der Angetretenen und ordnungsgemäßen Sitz der Schwimmwesten. Mustergültig ausgerichtet, mit allem Notwendigen versehen, stehen die Leute vor den dreizehn Rettungsbooten an der Steuerbordseite. Die Boote an Backbord scheiden aus, da das Schiff mit dieser Seite am Pier liegt.

„Boote klar zum Ausschwingen!" hallt es über das Deck.

Mit wenigen Handgriffen sind die Laschings, die die Boote halten, gelöst. Die Mannschaft steigt hinein und ergreift die Manntaue.

„Schwing aus!" erfolgt das Kommando.

Gleichmäßig neigen sich die Davits, in deren Taljen die Boote hängen, nach außen und bringen ihre Last gut frei vom Schiff. Langsam werden die Boote zu Wasser gefiert.

Wie oft haben wir nicht schon dieses Manöver ausgeführt, bestimmungsgemäß den hohen Grad der Sicherheit unserer Einrichtungen unter Beweis zu stellen! Und stets hat es den Kontrolleuren genügt, nur einige der Boote dazu auszuersehen, sich entweder mittels ihrer Benzinmotoren oder durch Ruderkraft der Bemannung in Fahrt zu setzen. Würden wir nicht schon bei der Suchaktion einen deutlichen Vorgeschmack davon bekommen haben, daß in New York seit dem Neutralitätsgesetz alles anders ist als früher, wahrhaftig, wir hätten unseren Ohren nicht getraut, als der Kapitän der Steamboat-Inspection heute verlangt, alle dreizehn Rettungsboote in Fahrt zu bringen. Nun, wir können seinem Wunsche mit ruhigem Gewissen und im Vertrauen auf Material und Besatzung nachkommen.

Im Nu wimmelt es auf dem Wasser von unseren Booten, die durch ihre munteren Kreuz- und Querfahrten das stille Wasser des Hafens aufscheuchen. Welch ein ungewohntes Bild für New York! Zahlreiche Zuschauer bevölkern neugierig die Straße zwischen den Piers, sich an diesem einmaligen Schauspiel ergötzend.

Der Kontrolleur gibt sich endlich zufrieden. Mit der gleichen Sicherheit wie beim Aussetzen werden die Boote wieder geheißt. Und damit haben wir vor den gestrengen Augen der Amerikaner auch diese Prüfung mit Auszeichnung bestanden.

Als am Spätabend die Zeitungen erscheinen, ist selbst in der gegenwärtigen politischen Atmosphäre unser Bootsmanöver eine kleine Sensation, so ausführlich wird es in Wort und Bild gewürdigt.

Aber die Exaktheit, mit der das Bootsmanöver ausgeführt worden ist, hat die Sorge um unsere Sicherheit noch keineswegs zu beheben vermocht. Man weiß natürlich, daß wir die Rückreise nach Deutschland ohne Passagiere antreten, so daß man mit dem Gesehenen durchaus zufrieden sein könnte. Irrtum! Denn nunmehr wird die Ausführung des Feuerlöschmanövers verlangt.

Gut, auch das können sie haben!

Ein kurzes Signal ruft die entsprechende Besatzung an ihre Plätze. Im Handumdrehen sind im Vor- und Achterschiff die langen Schläuche abgerollt und in Position gebracht.

„Feuer!" gibt der Maschinentelegraf in die Maschine.

Die gewaltigen Feuerlöschpumpen jagen ungeheure Wassermengen in die das ganze Schiff durchlaufende Feuerlöschleitung. Gleichzeitig sind die Ventile an den Schlauchanschlüssen geöffnet worden. In hohem Bogen knattert der Wasserstrahl aus den Schläuchen in den Hafen.

Beim Ertönen des Signals ist ebenfalls der Feuerstoßtrupp mit seiner Ausrüstung unter der Brücke zur Musterung angetreten. Aber auch bei ihm ist nichts zu beanstanden. Befriedigt nickt der Kapitän der Steamboat-Inspection.

„Haben Sie noch weitere Wünsche, captain?" frage ich mit gleichgültiger Höflichkeit.

„Wir müssen noch die Schwimmwesten zählen."

„Bitte, damit kann sofort begonnen werden. Sie sind inzwischen auf den Promenadendecks und Vorplätzen aufgestapelt worden."

Zu Stapeln aufgeschichtet und wie am Schnürchen ausgerichtet, liegen die Westen an Deck. Jeder Berg trägt einen Zettel mit der jeweiligen Stückzahl, um den Prüfenden die Zählung zu erleichtern.

Den Notizblock in der Hand, durchschreitet der Kontrolleur die Reihen, wirft einen kurzen Blick auf die Zettelchen und notiert die Zahlen. Endlich ist er fertig. Die Addition ergibt: die Rechnung stimmt.

Auch die Inspektion im Maschinen- und Kesselraum ist zur Zufriedenheit ausgefallen. Was jetzt folgt, ist nur noch Formsache.

Im Zimmer des Rollenoffiziers füllt die Kommission einen Stoß von Formularen aus. Die Zollbehörde wird aus ihnen entnehmen können, daß unsere Sicherheitsvorrichtungen ausnahmslos in mustergültiger Ordnung sind.

Und wenn nun auch die Suchaktion nichts Ungünstiges zutage bringt, werden dann wohl noch andere Gründe vorhanden sein, unsere Ausklarierung hinauszuzögern? Das ist die Frage, die mich nun nicht mehr losläßt und die gebieterisch eine Beantwortung fordert.

Der gute Drechsel opfert sich wahrhaft auf. Um die Mittagsstunde rennt er sich die Schuhsohlen ab, den Chief Inspector zu fassen. Aber er hat kein Glück.

Die ersten Sucher gehen bereits wieder von Bord, um wie am Vortage pünktlich ihr Mittagessen einzunehmen. Auf sie stürzt sich Drechsel, will wissen, ob sie nach Tisch abermals wiederkommen. Aber er kann aus ihnen nur herausbringen, daß sie bislang keinen Auftrag haben, die Suchaktion einzustellen.

Drechsel ist der Verzweiflung nahe. Wann endlich werden die Amerikaner uns bestätigen, daß wir fahren dürfen?

An diesem Tage hat auch der französische Passagierdampfer „Normandie", dessen Aufbauten vom nächsten Pier zu uns herüberragen, Sucher an Bord. Schließlich dürfen wir von den Amerikanern doch erwarten, daß sie in Erfüllung eines Neutralitätsgesetzes nicht mit zweierlei Maß messen. Geben sie die „Normandie" frei, so können sie auch uns nicht länger festhalten, vorausgesetzt natürlich, daß die Durchsuchung weiterhin so verläuft wie bisher. Doch darüber können wir beruhigt sein. Die „Bremen" ist und bleibt ein Handelsschiff und braucht auch das schärfste Neutralitätsgesetz nicht zu fürchten. Konterbande an Bord? Oder Waffen, ja, vielleicht sogar Geschütze? Lächerlich! Wir können es uns wahrhaftig leisten, weiter mit offenen Karten zu spielen.

Haben die Agenturen des Norddeutschen Lloyd in den Vereinigten Staaten infolge der umsichtigen Vorbereitungen unseres New-Yorker Direktors alle gebuchten Passagiere rechtzeitig unterrichtet, daß die „Bremen" infolge der gespannten politischen Lage in Europa die Heimfahrt ohne Fahrgäste antreten wird, so ist das bei der „Normandie" nicht der Fall. Sie hat von ihrer Reederei Befehl erhalten, nicht auszulaufen, sondern in New York zu bleiben. So stehen nun die vielen Fahrgäste in erregten Gruppen am Pier, umgeben von riesigen Stapeln ihres Gepäcks, um die wenig tröstliche Nachricht zu erfahren, daß sie nicht an Bord genommen werden. Ein großer Teil hat lange Bahnfahrten hinter sich, um an diesem Nachmittage die Überfahrt nach Europa anzutreten. Bestellt und nicht abgeholt!

In die Überraschung über diesen Entschluß der französischen Rederei mischt sich sichtlich der Ärger, in New York zu sitzen und nicht zu wissen, wohin. Daß die „Bremen" ohne Passagiere auslaufen wird, haben sie mittlerweile gehört. Was nützt da alles Kopfzerbrechen über die Frage, auf die doch niemand im Augenblick eine Antwort weiß: wie kommen wir nach Europa...?

## 36 Stunden verloren -- Leinen los!

Der leitende Erste Offizier hat an diesem Vormittag alle Hände voll zu tun gehabt. Nach dem Mittagessen kommt er ins Kapitänszimmer.

„Nun haben wir wohl das Schlimmste hinter uns, Herr Kapitän. Heute nachmittag müßten sie uns weglassen; die Sucher sind jetzt überall gewesen. Wüßte wirklich nicht, wo die ihre Nase noch reinstecken könnten."

„Ganz Ihrer Meinung, Herr Warning. Nur schade um die einunddreißig Stunden, die wir verloren haben. Runde neunhundert Seemeilen hätten wir näher an Deutschland sein können."

„Es wird uns nichts anders übrigbleiben, als uns tüchtig ranzuhalten. Nach den neuesten Radioberichten herrscht in Europa bedrohliche Gewitterstimmung. Die Engländer stärken den Polen doch mächtig das Rückgrat. Na — und Frankreich?"

„Segelt wieder im englischen Fahrwasser. Oder glauben Sie, die ‚Normandie' bleibt zu ihrem Vergnügen hier?"

Nach und nach trudeln die Sucher wieder ein. Warning soll recht behalten, sie wissen tatsächlich nicht mehr, wo sie noch suchen sollen. Sie schlendern über das Deck, so tuend, als könnten wir noch etwas vor ihnen verborgen haben. Natürlich sind sie viel zu erfahren, um nicht längst den Eindruck gewonnen zu haben, daß wir irgendwelche verbotenen Gegenstände im Sinne des amerikanischen Neutralitätsgesetzes nicht mit uns führen.

So schleicht der Uhrzeiger auf die vierte Nachmittagsstunde. Und wieder einmal verlassen unsere Zolleute das Schiff. Wird es das letztemal sein, daß sie von Bord gehen? Ob wir heute noch fortkommen? Oder werden wir das zweifelhafte Vergnügen haben, sie morgen früh erneut begrüßen zu müssen? Das mögen die Götter wissen!

Diese wühlenden, bohrenden Zweifel kann auch Drechsel nicht beheben, als er meinen Salon betritt und freudestrahlend mitteilt, der Collector of Customs habe wissen lassen, die „Bremen" könne gegen Abend fahren.

Zweifelnd, abwehrend hebe ich die Hände.

„Das glaube ich nicht eher, als bis wir die Leinen losgeworfen haben."

Drechsel versteht mich nur zu gut. Er ist viel zu sehr Seemann, um mir nicht die bange Skepsis nachempfinden zu können, die in diesen Tagen infolge der Schlag auf Schlag folgenden Enttäuschungen allmählich Besitz von mir ergriffen hat. Es ist daher auch nur eine kleine Beruhigungspille, als er hinzufügt, die Klarierungspapiere würden wir — eine große Ausnahme! — durch einen Zollbeamten persönlich an Bord übergeben werden.

Herrgott, wie doch die Zeit dahinschleicht! Der sonst den Amerikanern so heilige Grundsatz „Time is money" scheint heute, wo es uns auf jede Minute ankommt, keine Geltung zu besitzen.

Für fünf Uhr sind Lotse und Schlepper bestellt. Werden wir sie dabehalten können? Werden wir sie wieder wegschicken müssen? Wenn doch nur ein Mensch kommen und diese Warterei beenden würde — so oder so! Wenn die Mitteilung Drechsels nun keine Bestätigung findet? Wenn die Amerikaner durch irgendeinen Umstand wieder anderen Sinns geworden sind? Dann sitzen wir buchstäblich da mit unserem Talent! Lotse und Schlepper können unverrichteter Sache wieder abziehen, und mir bleibt nichts übrig, als den Dampf zum zweiten Male abstellen zu lassen.

Diese quälenden Gedanken werden erst ein wenig in den Hintergrund gedrängt, als die Tür aufgerissen wird und Schröder im Türrahmen erscheint.

„Kapitän Drechsel wird Ihnen wohl schon gesagt haben, daß Sie nun raus können."

Von schwerem Druck befreit, schlägt er mir auf die Schulter. Er läßt sich auch nicht beirren, als ich ihm klarmache, daß für mich solange nichts sicher ist, bevor ich nicht den Bescheid der Zollbehörde in Händen halte.

Wieder verrinnt eine Stunde. Längst liegen am Pier die Schlepper unter Dampf, jeden Augenblick bereit, uns anzupacken, sobald wir in den Strom hinausgefahren sind. Aber auch ihr Los heißt: warten, warten und nochmals warten.

Gelangweilt geht inzwischen der Lotse an Deck spazieren, der Dinge harrend, die da hoffentlich kommen werden, vielleicht aber auch ausbleiben.

Mit dem Glockenschlage sechs unterbricht ein Klopfen die bis zum Bersten geladene Atmosphäre in meinem Salon. Der wachhabende Ofizier tritt herein.

„Herr Kapitän, ein Beamter der Zollbehörde hat Ihnen etwas zu übergeben. Sie müssen persönlich quittieren."

Ein älterer, untersetzter Mann, mir von Ansehen bekannt, kommt über die Schwelle. Wie hypnotisiert sind unsere Blicke auf ihn gerichtet. Wir alle wissen es: die dunkelbraune Aktentasche, die er unter dem Arm trägt, bringt uns die Befreiung. Endlich!

Ein wenig umständlich nimmt er Platz, nestelt an dem Verschluß der Tasche. Ein erlösendes Aufatmen geht durch das Zimmer, als er mir die Klarierungspapiere aushändigt.

Nun wissen wir es endgültig:

Wir können fahren!

Höflich legt er mir die Quittung auf den Tisch.

„Will you please sign, captain?"

Was täte ich wohl lieber als das! Ich haste förmlich meine Unterschrift unter ein Dokument, das früher für mich kaum von Wichtigkeit gewesen wäre.

Nur noch einen Gedanken gibt es jetzt:

So schnell wie möglich raus!

Hätte ich einen begeisterteren, hingebungsvolleren Helfer für seine Verwirklichung finden können als meinen alten Kollegen Drechsel? Im Handumdrehen steht er am Pier, die letzten Anordnungen für die Ausfahrt der „Bremen" treffend.

An Bord läßt inzwischen Warning auf meinen Wunsch die Mannschaft im Speisesaal der ersten Klasse antreten. Wie ein Lauffeuer hat sich die Nachricht verbreitet: es geht los, wir fahren! Und diese glückverheißende Mitteilung will uns unser Kapitän selbst machen.

Ich bin mit Schröder allein in meinem Salon.

„Anderthalb Tage haben wir nun verloren", wettere ich los. „Die können mir vielleicht gerade fehlen, rechtzeitig heimzukommen."

„Seien Sie froh, daß Sie überhaupt fahren können und nicht noch länger hier liegenbleiben müssen."

„Wissen Sie denn, was uns draußen alles blühen kann? Schlagen die Engländer plötzlich los, so werden sie draußen schon klarliegen, um uns zu schnappen. Nur gut, daß Nacht ist, wenn wir die offene See erreichen. Da gebe ich meine Chancen noch lange nicht verloren."

Aufrecht steht Schröder vor mir. Hoffnungsfreudigkeit und Zuversicht strahlen aus seinen Augen. Impulsiv drückt er mir die Hand.

„Sie kommen durch, Kapitän Ahrens."

Und mit diesem unerschütterlichen Glauben an unseren guten Stern verläßt er das Schiff.

Das Treppenhaus ist erfüllt von wogendem Stimmengewirr aus dem Speisesaal. Vollzählig ist die neunhundert Köpfe zählende Besatzung angetreten. Am Eingang empfängt mich der leitende Erste Offizier. Gemeinsam betreten wir den prachtvollen Saal, der ein völlig ungewohntes Bild zeigt.

„Heil Hitler, Kameraden!"

„Heil Hitler, Herr Kapitän!" schallt es aus nahezu tausend Kehlen zurück.

Wie sie meine Anordnung angetroffen hat, so sind sie hierher geeilt: Stewards, Köche, das Maschinenpersonal, Stewardessen, Friseusen, Masseusen, Verkäuferinnen aus der Ladenstraße, Zahlmeister, Funkoffiziere; kurzum alles, was nicht unbedingt auf seinem Posten bleiben mußte, steht Kopf an Kopf hier. Voll ungeheurer Spannung sind sie, in Erwartung dessen, was nun kommen wird.

Inmitten der Besatzung nehme ich Aufstellung.

„Kameraden! Jetzt geht's los! Ihr alle wißt aus den Nachrichten, wie es aussieht, wißt also auch, daß jeden Augenblick der Krieg ausbrechen kann. Nach Lage der Dinge bin ich überzeugt, daß England dabei und gegen uns ist. Ihr fühlt auch, was es für uns im Kriegsfalle bedeutet, daß wir hier so viel Zeit verloren haben. Diese anderthalb Tage können uns unter Umständen sehr fehlen. Soeben haben wir die Ausreiseerlaubnis erhalten. Nun ist es also so weit. Es geht los, heim! Gleich, in zehn Minuten, fahren wir ab. Alles bezieht wieder seine Station. Wer dienstfrei ist, begibt sich sofort aufs Vorschiff. Die Bordkapelle tritt ebenfalls dort an. Kameraden! Durchkommen werden wir! So oder so!"

Ein Orkan des Jubels und der Zuversicht folgt diesen Worten. Die lebhaften Bewegungen und gegenseitigen Zurufe der Mannschaft sind sichtbarer Ausdruck ihrer Begeisterung. Als ich mich zur Brücke zurückbegebe, begleitet mich das starke Gefühl: von denen macht jeder mit.

In meinem Zimmer empfängt mich Kapitän Drechsel, der noch einmal auf das Schiff zurückgekehrt ist. Einige nautische Überlegungen sind der Gegenstand dieser letzten Unterhaltung. Dann wendet sich das Gespräch dem Augenblick zu.

„Weg kommen wir ja nun endlich! Aber während der Zeit, die wir hier angebunden waren, haben die Briten natürlich Gelegenheit gehabt, ihre Kreuzer aus Halifax und von den Bermudas draußen aufzubauen. Die könnten sich also prompt an meine Fersen heften und mir so lange folgen, bis England uns den Krieg erklärt hat. Ich wette mit Ihnen, daß auch der kleine Kreuzer ‚Berkshire' dabei sein wird. Er hat ja noch vor wenigen Tagen in Halifax gelegen. Der Bursche läuft dicke seine dreißig Seemeilen."

Drechsel schweigt, seine Gedanken beschäftigen sich mit dieser Möglichkeit.

„Und welchen Plan haben Sie, Kapitän Ahrens, einer solchen Eventualität zu begegnen?" fragt er dann.

„Das hängt vom Wetter ab. Aber eins ist sicher: ich werde alles daransetzen, um gleich heute nacht meine Spur zu verwischen. Und dann können sie suchen, bis sie schwarz werden."

Der Eintritt Warnings in das Zimmer beendet unsere Überlegungen. Mit militärischer Kürze meldet er:

„Schiff liegt in Leinen, alles klar zur Ausfahrt."

Die Stunde des Aufbruchs ist für Drechsel gekommen. Noch einmal danke ich ihm herzlich für alles, was er in diesen Tagen für uns getan hat. Der Gedanke, nicht zu wissen, wann wir uns wiedersehen, hält uns gefangen. Wortlos, wehmütig streckt er mir die Rechte hin, und ein fester, langer Händedruck bringt mehr als jedes Wort zum Ausdruck, was Drechsel in diesem Augenblick empfindet. Ich fühle es, er wünscht mir all das Glück, das ich für diese Fahrt nötig habe, und wie es mir nur ein über dreißig Jahre bewährter Freund wünschen kann.

## III.

# Dem Ungewissen entgegen

**Unsere Bundesgenossen: Nebel und Regen.**

Langsam nimmt das Schiff Fahrt auf. Auf dem Vorschiff hat die dienstfreie Besatzung mit der Bordkapelle Aufstellung genommen. Als die „Bremen" in den Hudson hinausgleitet, mehr als die halbe Strombreite einnehmend, intoniert die Kapelle das Deutschland- und das Horst-Wessel-Lied. Mit erhobenen Armen steht die Mannschaft und singt die Lieder der Nation. Machtvoll schallt das stolze Bekenntnis zu Deutschland über die Piers und den Strom.

Am Ende des Piers, an dem eben noch die „Bremen" lag, haben unsere deutschen Freunde Aufstellung genommen. Bewegt winken sie uns zu.

Hoch ragen die Aufbauten der „Normandie", die uns ihr Achterschiff zukehrt, vom anderen Pier herüber. Die „Bremen" fährt aus! Ein großer Teil der „Normandie"-Besatzung drängt sich am Heck, unsere Ausfahrt mit Winken begleitend. Ja, die Leute von der „Normandie"! Vielleicht erinnern sie sich in diesem Augenblick der schönen Stunden der Kameradschaft, die sie noch vor wenigen Wochen bei uns als Gäste der „Bremen"-Fußballmannschaft verlebten. Damals war der Atlantik-Pokal, um dessen Besitz die Mannschaften der großen Ozeandampfer jedes Jahr in New York kämpfen, im Endspiel gerade an die „Bremen"-Leute gefallen. Ein zünftiger Bierabend feierte diesen Sieg, der die „Meisterschaft der Meere" entschied. Auch sonst haben sich die Besatzungen ganz gut leiden können. An kleinen Beweisen der Sympathie hat es nicht gefehlt.

Aber — werden unsere Freunde von heute nicht unsere Feinde von morgen sein?

Die erste Dämmerung senkt sich hernieder. In den himmelstürmenden Wolkenkratzern der Halbinsel Manhattan flammen nach und nach die Tausende von Lichtern auf. Die Lichtreklamen beginnen ihr farbengleißendes, verwirrendes Spiel. Wieder erwacht das betriebsame, abgründige Nachtleben der Mammutstadt, die wir nun hinter uns lassen.

Oder sollte es etwa doch noch einen Zwischenfall für uns geben, der uns wieder zurückbringen soll? Was hat es sonst zu bedeuten, daß ein Küstenwachschiff und ein Polizeiboot uns folgen, ja, daß sogar ein Flugzeug neugierig über uns seine Kreise zieht?

Nur der taghelle Schein am Horizont zeigt uns bald noch die Richtung, in der New York liegt. Die Lichter von Brooklyn haben wir bereits passiert. Der Lotse ist von Bord gegangen, aber noch sind wir innerhalb der Dreimeilenzone.

Beglückt stellen wir fest, daß wir unsere unerwünschten Begleiter abgehängt haben. Auch von dem Flugzeug ist weit und breit nichts mehr zu sehen.

Jetzt aber Dampf auf! Den Maschinentelegrafen auf „Voll voraus!" Schneller und schneller mahlen die riesenhaften Schrauben, die „Bremen" in Kürze auf große Fahrt bringend.

Da werden Backbord voraus drei Dampfer ausgemacht, die ebenfalls auf östlichen Kurs liegen. Wir legen heute nicht den geringsten Wert darauf, ihre Bekanntschaft zu machen. Der größere von ihnen ist der englische Passagierdampfer „California", die beiden anderen sind Frachter

Stolz brausen wir an der 17 000 Tonnen großen „California" vorüber. Gute zehn Seemeilen laufen wir mehr in der Stunde als sie. Bald haben wir den Engländer so weit achteraus gelassen, daß wir alle unsere Lichter löschen können und dann nicht mehr von ihm gesehen werden.

Die amerikanischen Hoheitsgewässer liegen schon ein Weilchen hinter uns. Englische Kriegsschiffe sind nirgends zu entdecken. Ihre große Chance, uns von hier aus gleich mit einer unerwünschten Begleitung zu bedenken, nutzen sie nicht. Uns fällt ein Stein vom Herzen.

Der frische Nordost wird steif und läßt eine grobe See auflaufen. Vereinzelt setzen heftige Regenschauer ein. Der leitende Erste Offizier, drei Wachoffiziere und zwei besondere Ausguckleute stehen auf der Brücke, ihre Augen in die stockfinstere Nacht bohrend. Prüfend und unbeweglich blickt der Rudergänger auf den hell erleuchteten Kompaß, die Sparken des Ruders wiegt er wie spielend in seinen Händen.

Der Ausguck im Vormast ist doppelt besetzt. Auf der Back ist ein Extramann aufgestellt. Sie sind mit der Brücke telefonisch verbunden, um ihre Wahrnehmungen sofort der Schiffsführung übermitteln zu können.

Klatschend prasselt der Regen gegen die Scheiben des Ruderhauses. Unwillkürlich zieht man den Kopf zwischen die Schultern, die Augen vor den schlagenden Tropfen zu schützen.

„Verfluchtes Sauwetter", unterbricht Warning die Stille, „aber wie gemacht für uns."

„Ja, der Wettergott meint es gut. Hoffentlich beliefert er uns weiter mit schlechter Sicht."

„Wollen's hoffen, wenigstens solange, bis wir ungesehen unter der Küste weggekommen sind."

Mit großer Geschwindigkeit dampfen wir gegen den steifen Nordost an, Stunde um Stunde unsere 27 Seemeilen hinter uns bringend. Windstärke 7 wird gemessen. Die See ist grob geworden. Hoch aufbäumend schlagen die Spritzer über Vorschiff und Aufbauten. Wenn die schäumende Bugwelle mit einer anlaufenden See zusammenprallt, türmen sie sich zu einem Wellenberg, dann mit krachendem Gepolter zusammenfallend. In Masten und Takelage heult der Wind in allen Tonarten, je nach der Härte der Böen. Man könnte glauben, im Sturm zu fahren, wüßten wir nicht, daß dieser Koloß von 52 000 Tonnen mit fast vierzehn Metern in der Sekunde gegen den Wind andrückt.

Schattenhaft zeichnen sich die Umrisse von Vormast und Schornsteinen ab, nichts von dem riesigen Vorschiff ist von der Brücke zu erkennen. Und das ist gut so. Wie schwer, wenn nicht unmöglich, muß es für andere sein, uns zu bemerken.

Zeitweilig tauchen Lichter auf. Wie von Zauberhand angezündet, stehen sie bei dem regnerischen, stürmischen Wetter plötzlich da. Durch eine kleine Kursänderung wird ihnen ausgewichen. Denn fahren wir auch völlig abgeblendet dahin, so lautet doch unsere Devise: besser ein kleiner Bogen, als entdeckt zu werden.

Wenn nach einstündiger Ablösung die Ausgucklente ihren Platz verlassen, triefen Südwester und Ölmäntel förmlich von Wasser. Das sind Unannehmlichkeiten, die jeder gewohnt ist. Und er erduldet sie auf dieser Fahrt um so lieber, als er weiß, was auf dem Spiele steht.

Um die vierte Morgenstunde flaut der Wind eine Kleinigkeit ab. Die See beruhigt sich etwas. Die Regenschauer lassen nach und gehen allmählich in Nebel über.

Das ist ein Bundesgenosse so recht nach unserem Herzen! Jetzt sind wir fein heraus! Ist er auch sonst der Schiffahrt größter Feind, heute empfinden wir ihn als einen Helfer, den uns ein gütiger Himmel schickt. Keinen innigeren Wunsch hegen wir, als daß er recht lange und dicht sein schützendes Kleid um uns breiten möge, uns für unsere Umgebung unsichtbar machend.

Nach den letzten Funkpeilungen haben wir Nantucket Feuerschiff passiert und damit den letzten Meilenstein an der amerikanischen Küste hinter uns gelassen. Der weite Atlantik nimmt uns auf.

Bei Nebel kommt der Funkstation besondere Bedeutung zu. Ihre Wahrnehmungen allein vermitteln uns einen sicheren Anhaltspunkt, wo wir uns befinden und wie es in unserer weiteren oder engeren Nachbarschaft mit Schiffen bestellt ist. Allerdings — auf die sonst bei Nebel übliche Herausgabe von Funksprüchen verzichten wir. Dafür sind unsere Funker um so mehr auf Draht, um aus dem Funkbetrieb der andern alles für uns Wissenswerte zu erfassen. Jede Meldung, die Standort und Kurs eines Schiffes verrät, wird sofort auf die Brücke telefoniert, damit die Navigationswache mit Hilfe des Funkpeilers die Richtung dieses Fahrzeuges ermitteln kann.

Ohne besondere Ereignisse vergeht der Vormittag. Wir nehmen nichts wahr und werden selbst auch nicht gesehen.

Gegen 12½ Uhr meldet der Ausguck Steuerbord voraus einen kleinen Frachter. Auch die Offiziere auf der Brücke haben das Schiff, das auf entgegengesetztem Kurs liegt, gesehen. Seine Umrisse sind in dem strichweise etwas schwächeren Nebel zwar nur undeutlich auszumachen, aber sein Dasein allein genügt uns, das Kommando „Hart Backbord" ausführen zu lassen. Merklich neigt sich die „Bremen" über, dem andern nach wenigen Minuten außer Sicht laufend und dann ihren alten Kurs wieder aufnehmend.

Mit besonderer Spannung lauschen die Funker den Nachrichten aus der Heimat; denn was sie bringen, ist für die nächsten Stunden von allergrößter Bedeutung.

Wird es uns noch gelingen, auf einigermaßen geradem Wege nach Deutschland zu kommen? Oder werden wir gezwungen sein, unseren östlichen Kurs zu verlassen und uns durchzuschlagen, Gott weiß, wohin? Eines ist mir in diesem Augenblick klar: schlägt England los, bevor wir durch den englischen Kanal sind, müssen wir unweigerlich die Nordsee anstatt von Westen von Norden aus — an den Orkney- und Shetland-Inseln vorbei — ansteuern. Aber selbst wenn sich die Briten noch Zeit lassen, ist es nicht ratsam, ihnen direkt in die Arme zu laufen. Vielmehr muß die Losung heißen: Berührung mit englischen Schiffen vermeiden und auch anderen keine Gelegenheit geben, uns zu sichten und etwa zu verraten.

Jedermann an Bord weiß das. Um den Grad unserer Sicherheit bis zum äußersten zu erhöhen, ist bei Tagesanbruch auch der obere Ausguck im Mast besetzt worden. Von diesem hohen Blickpunkt aus, der die Kante der gewaltigen Schornsteine noch um ganze 15 Meter überragt, sind Fahrzeuge früher wahrzunehmen, als sie uns selbst sehen können.

Die vor wenigen Tagen bereits aufgefangene Nachricht von dem Fluge des englischen Botschafters Henderson nach London, der die großzügigen Verständigungsvorschläge des Führers überbringt, hat in allen Herzen wieder die Hoffnung aufkeimen lassen, daß es, wie schon in München, auch diesmal gelingen möge, den Völkern Europas den Frieden zu erhalten.

Einige Male hat auch heute schon der Erste Funkoffizier die Meldungen persönlich überbracht.

„Vielleicht kann der Führer die Welt doch noch einmal vor dem Schlimmsten bewahren", bemerkt Gerstung bei einem dieser Besuche.

„Das wäre sehr schön, Herr Gerstung. Aber für uns heißt es vorläufig weiter: Augen auf und, was insbesondere Sie und Ihre Leute betrifft: Ohren auf!"

Der Erste Funkoffizier hat seine Leute an der Strippe. Sie versehen ihren jetzt besonders schweren Dienst mit einem Eifer und einer Hingabe, als hinge ganz allein von ihnen das Schicksal unserer schönen „Bremen" ab.

Wir selbst hüllen uns ja in Schweigen. Aber dafür wollen wir um so genauer wissen, wie es um uns herum aussieht. Alle Empfänger und Telefone sind ununterbrochen besetzt. Den feinen, geübten Ohren unserer Funker entgeht nichts, was auf dem Atlantik und von Europa durch den Äther schwirrt.

Der Nebel ist in den frühen Nachmittagsstunden in einen feinen Staubregen übergegangen. Die Sicht ist zwar besser, aber noch beschränkt. Uns wäre es natürlich am liebsten, recht bald wieder von dem grauen Gesellen eingehüllt zu werden. Aber was können unsere heimlichen Stoßseufzer nützen? Wir müssen es nehmen, wie es kommt. So geht dieser Donnerstag — der 31. August — langsam zu Ende. Abends hört auch der Regen auf, das tiefe Dunkel der Nacht nimmt uns schützend auf.

Gleich nach dem Abendessen habe ich den leitenden Ersten Offizier sowie den leitenden Ingenieur zu mir gebeten, die gemeinsam in meinem Salon erscheinen.

„Meine Herren", beginne ich, „die ersten vierundzwanzig Stunden hätten wir glücklich hinter uns. Noch wissen wir nicht, ob und wann es losgeht. Wir richten uns aber auf jeden Fall für das Losgehen ein. Es heißt also, darauf vorbereitet zu sein, das Schiff nicht in feindliche Hände fallen zu lassen."

Die beiden Männer wissen, was gemeint ist — im äußersten Notfall wird die „Bremen" versenkt. Aufmerksam lauschen sie meinen Anordnungen.

„Sie, Herr Warning, treffen sofort alle Maßnahmen, die nötigenfalls ein schnelles Versenken des Schiffes gestatten. Auch sind Vorkehrungen zu ergreifen, es in Brand zu stecken. Ihnen, Herr Müller, fällt die Aufgabe zu, das Versenken entsprechend zu unterstützen. Machen Sie sich einen Plan. Schließlich darf nicht vergessen werden, die Mannschaft im Ernstfall sicher vom Schiff zu bringen."

Ein stummes Kopfnicken der beiden Männer ist die Bestätigung, daß sie verstanden haben. Niemand spricht mehr ein Wort. Sie eilen hinaus, das Besprochene vorzubereiten.

Wenig später hat Warning diejenigen Mannschaften um sich versammelt, die in Brandkommandos eingeteilt werden sollen. Bis in die letzte Einzelheit instruiert er die Leute. Und schon beginnt die Arbeit.

Matratzen werden herangeschleppt, Holz und anderes gut brennbare Material aufgeschichtet und in den unteren Decks zu Brandherden gestapelt, die ein schnelles Umsichgreifen des Feuers gewährleisten. Und an keinem der Plätze fehlt eine gehörige Kanne Petroleum. So ein Feuer wird ganze Arbeit leisten; so schwer der Gedanke ist — wir wollen unser herrliches Schiff lieber den Flammen preisgeben, als es einem frohlockenden Gegner in die Hände fallen lassen.

Einigen Männern der Brandkommandos bezeichnet Warning die Bullaugen, die sie im Ernstfall zu öffnen haben. Er knotet ihnen förmlich ein, in welchem Augenblick das zu geschehen hat; denn erst wenn das Schiff durch das von unten eindringende Wasser genügend abgesackt sein wird, hat diese Aktion einen Sinn. Dann wird sich das Wasser auch durch die geöffneten Bullaugen in das Schiff ergießen und seine Versenkung beschleunigen.

So umfassend hat Warning seine Maßnahmen getroffen, daß er von ihrer durchschlagenden Wirkung überzeugt sein kann.

Die Fürsorge für die Mannschaft liegt ihm nicht weniger am Herzen als seinem Kapitän. Unverzüglich geht er auch hier ans Werk und ordnet mit dem Zahlmeister und dem Obersteward das Nötige an.

„Lassen Sie zusätzlichen Proviant für die Rettungsboote klarstellen. Denken Sie auch daran, für jedes Boot einige Kisten mit Tafelwasser bereitzuhalten. Und vergessen Sie den Kognak nicht für den Fall, daß mal einer schlapp macht."

„Sie, Herr Junghans", wendet er sich dann an den leitenden Obersteward, „lassen Wolldecken nach oben schaffen. Jeder Mann, der in die Boote geht, muß sich eine greifen und mitnehmen können."

Im Proviantraum beginnt ebenfalls die Arbeit. Der Proviantsteward stellt mit seinen Gehilfen das Notwendige gewissenhaft zusammen. Auch der kleinere Proviant steht in Körben bereit, um nach oben gebracht zu werden und auf den Promenadendecks klar zu sein. Zwei Kisten Tafelwasser sind für jedes Boot bestimmt.

Die Stewards, auf dieser Fahrt ungewollt zum Nichtstun verurteilt, schleppen unablässig Wolldecken nach oben. Stapel auf Stapel langt auf den Promenadendecks an, bereit, im gegebenen Augenblick in die Boote genommen zu werden.

Vorsorglich hat der Schiffsarzt auch einige Medizinkisten zusammenstellen lassen.

Nicht minder rastlos tätig ist inzwischen der leitende Ingenieur. Die besten seiner Männer sind ihm gerade gut genug für den ihm gewordenen Auftrag. Eine Gruppe erhält die Anweisung, auf das vereinbarte Kommando die Schrauben von den Ventilkästen im Rohrtunnel des Vorschiffes zu lösen. Dann kann das Wasser von unten her auch hier eindringen, kann die Tanks und Laderäume füllen. Andere Leute werden dazu ausersehen, die gleiche Arbeit an den Ventilkästen in den Heizräumen zu vollbringen. Eine dritte Abteilung hat die mächtigen Zuleitungsrohre, durch die das Kühlwasser in die Kondensatoren geleitet wird, zu sprengen. Wieder andere sollen den Hilfsmaschinenraum, von dem aus riesige Dynamos das Schiff mit Licht- und Kraftstrom versorgen, sowie die Wellentunnel fluten.

Wie stets, so ist Müller auch bei diesen Vorbereitungen peinlich genau. Er vergißt auch nicht, die auf dem Oberdeck aufgestellten Notdynamos auf ihre Betriebsklarheit zu prüfen. Selbst an die Motore der Rettungsboote denkt er. Obgleich diese noch vor zwei Tagen in New York ihre unbedingte Zuverlässigkeit glänzend unter Beweis gestellt haben, teilt er Leute ab, die sie am nächsten Morgen durchprobieren.

Als er und Warning am späten Abend Bericht erstatten, kann ich beruhigt sein. Das Werk der Zerstörung ist gründlich vorbereitet. Tritt das Schlimmste ein — wir sind gerüstet. — — —

**Antwort an Polen: Auf ihn!**

Freitag, der 1. September, zieht herauf. Unsere Hoffnung, den Nebel auch weiterhin als treuen Begleiter zu haben, erfüllt sich nicht. Zwar ist die Sicht nur mäßig, aber für uns noch viel zu gut.

Ausguck und Funker sind besonders auf Draht. Auch die schwächste Rauchfahne, die sich an der Kimm zeigen sollte, muß der obere Ausguck sicher wahrnehmen und sofort melden.

Um die sechste Morgenstunde — nach mitteleuropäischer Zeit ist es zwölf — tippt einer der diensttuenden Funkoffiziere besonders eilfertig auf der Schreibmaschine. Mit einem kurzen Ruck fliegen die Bogen aus der Maschine. Wenig später halte ich auf der Brücke die Nachricht in Händen:

Der Führer verteidigt Deutschlands Recht gegen Polen seit den frühen Morgenstunden mit den Waffen. Die deutsche Wehrmacht rückt in Feindesland ein.

„Die Würfel sind gefallen. Jetzt gibt es kein Zurück mehr. Die deutschen Truppen marschieren bereits in Polen ein", überreiche ich dem Navigationsoffizier die Meldung, die endlich Erlösung von der tagelangen Folter der Ungewißheit bringt.

„Nun bin ich aber gespannt, was die Tommies machen. Vielleicht haben sie nur geblufft, um uns einzuschüchtern."

„Haben sich aber verdammt festgelegt dieses Mal. Kann mir eigentlich nicht denken, wie sie da wieder zurück können."

Bald darauf ist die Mannschaft durch Anschlag im Schiff von der Wendung der Dinge unterrichtet.

Bis mittags ereignet sich nichts Außergewöhnliches. Um diese Zeit kommen wir in die Nähe von Cape Race, der Ostecke Neufundlands. Mit Lotungen und durch Peilung der Funkstation auf Cape Race, die mit in der Nähe befindlichen Schiffen in Verbindung steht, ermitteln wir unsere Position.

Für uns heißt es aber auch aus einem anderen Grunde, jetzt größte Vorsicht walten zu lassen, befinden wir uns doch auf den ertragreichen Fischgründen der Neufundland-Bänke, wo Portugiesen und Franzosen eine einträgliche Fischerei ausüben. Manches ältere Segelschiff, als Frachter aufs Altenteil gesetzt, ist immer noch seetüchtig genug, um den vielen kleinen Fischerbooten, die sich hier tummeln, als Mutterschiff zu dienen. Bis zu den Fischgründen bringt es die Fischerboote, die auf Deck ineinandergeschachtelt aufgebaut sind. Während der Fangtätigkeit der kleinen Boote liegt das Mutterschiff entweder vor Anker oder treibt ohne Besegelung auf dem Wasser.

Es wird ausschließlich Kabeljau gefangen. In rauhen Mengen holen ihn die Fischer nur so heraus. Nicht lange dauert es, bis ein Boot voll ist und zum Mutterschiff zurückkehrt, diesem seinen Fang an Bord werfend. Geübte Hände schlachten den Fisch und verstauen ihn, nachdem er gut ausgeblutet ist, gesalzen in die Laderäume des Schiffes.

Wie ausgedehnt ist das Absatzgebiet der Fischer! Südfrankreich, Spanien, Portugal, Italien, die Kapverdischen und die Kanarischen Inseln, kurzum, fast alle Länder des westlichen Mittelmeeres kaufen den auf diese Weise hergestellten Klippfisch.

Obwohl wir nicht zu befürchten brauchen, von diesen Seglern, die durchschnittlich dreißig bis vierzig Jahre auf dem Buckel haben, verraten zu werden, da sie wohl eine Empfangs= aber keine Sendeanlage besitzen, möchten wir auch mit ihnen — und sei es nur aus der Ferne — jede Berührung vermeiden.

Wenn wir auch nur dieses Gebiet nur erst hinter uns hätten! Der rege Betrieb auf den gut 250 Meilen langen neufundländischen Fischgründen sagt uns absolut nicht zu! Besonders größere Fischdampfer, unter denen auch Franzosen sind, finden nicht unseren Beifall; denn sichten sie uns, so können sie mit ihrer FT=Anlage unsere Position sofort in die Welt funken. Und wer dann ein Interesse daran hat, uns näherzukommen, wird wissen, wie er sich einzurichten hat. Um das zu verhindern, drehen wir vorsichtshalber einige Male ab.

Zwar hat die Lage durch die deutscherseits eingeleiteten Vergeltungsmaßnahmen gegen die polnischen Übergriffe eine wesentliche Verschärfung erfahren, doch haben wir noch so lange Luft, wie sich England nicht einmischt. Und was die polnische Kriegsmarine anbetrifft, so brauchen wir wohl nicht zu befürchten, daß sie uns überhaupt jemals vor den Bug läuft! — — —

Kursbesprechungen um die Mittagsstunde. Der leitende Erste und der Navigations=Offizier sind mit im Kartenzimmer. Wir beugen uns über die Karte.

„Sehen Sie, meine Herren, durch den englischen Kanal brauchen wir sowieso nicht zu fahren, da das Anlaufen von Cherbourg und Southampton wegfällt. Unser kürzester Weg geht um die Nordspitze von Schottland, solange uns England keinen Krieg erklärt. Sonst müssen wir ganz oben durch. Es ist daher das Richtigste, wenn wir vorläufig einen

Kurs zwischen diesen beiden Möglichkeiten wählen. Laufen wir also bis sechs Uhr den östlichen Kurs weiter. Dann sind wir von den Fischgründen frei und ohne Zuschauer. Was weiter geschieht, wird sich finden."

Sorgfältig wird die neue Marschroute in die Karte eingesetzt. Für die nächsten Stunden liegt der Weg der „Bremen" fest, vorausgesetzt, daß der Gang der Ereignisse kein Abweichen erforderlich macht. Denn auch für uns ist jetzt die Entwicklung in Europa noch mehr der bestimmende Faktor als in den vorherigen Tagen.

Gegen sechs Uhr abermalige Kursänderung. Wir müssen darauf bedacht sein, die Verkehrsrouten, die von Europa über Cape Race nach Kanada, Neufundland und Nordamerika führen, in der Dunkelheit zu kreuzen.

Diese zweite Nacht, die wir nun von New Yoork fort sind, unterscheidet sich wesentlich von der vorhergehenden. Es ist sehr dunkel, aber nur mäßig bewölkt. Von Backbord achtern weht eine leichte westliche Brise. Die See ist mäßig bewegt, sanft wiegt sich die „Bremen" in einer langlaufenden Dünung aus nordöstlicher Richtung.

Stundenlang gleiten wir völlig abgeblendet dahin, aber auch wir sehen nichts.

„Steuerbord voraus Frachtdampfer in Sicht", tönt da die Stimme des Ausgucks durch das Telefon.

Fast gleichzeitig tauchen die hellen Lichterreihen eines Passagierdampfers auf. Beide Schiffe liegen auf kreuzendem Kurs. Wir geben eine Kleinigkeit Steuerbordruder, um sie backbord zu passieren; denn unsere Silhouette darf auf keinen Fall sichtbar werden.

Mit ziemlicher Fahrt läuft der Große den Kleinen auf. Dann morst er ihn an. Die übliche Unterhaltung entspinnt sich. Der Passagierdampfer will wissen, wen er über=

holt und wohin der bestimmt ist. Die Antwort des Frachters ist infolge der großen Entfernung von uns nicht auszumachen. Aber sie muß prompt erfolgt sein; denn schon stellt sich der Große vor: „Kungsholm" mein Name, auf dem Wege nach New York.

Aha! Nun ist uns bekannt, mit wem wir zu dieser nächtlichen Stunde die Ehre haben, ohne daß uns der andere auch nur ahnt. Wir wissen aber auch, daß wir im Begriff sind, die Route von Southampton nach Nordamerika zu kreuzen. Wie gut, daß wir sie bei Nacht passieren! Am Tage wäre uns diese Begegnung verteufelt unangenehm gewesen.

\*

Sonnabend, 2. September. Unsere Gedanken eilen in die Heimat. Aus den vorliegenden Nachrichten sind wir davon unterrichtet, daß selbst in diesem Augenblick, in dem die deutschen Truppen bereits einen Tagesmarsch weit in Polen stehen, um das Schicksal Europas noch diplomatische Gespräche geführt werden. Die Augen der Welt sind auf Berlin und London gerichtet, wo die Entscheidung über Krieg oder Frieden fallen wird.

Henderson hat bei seiner Rückkunft vor wenigen Tagen keine bündige Antwort aus London mitgebracht. Wird es den internationalen Kriegshetzern wirklich gelingen, die Lunte, die sie seit langem lodernd in den Händen schwingen, diesmal an das Pulverfaß zu legen?

Ruhig, diszipliniert, vertrauensvoll geht der deutsche Arbeiter seinem Schaffen nach. Was die nächsten Stunden auch bringen mögen, er weiß das Schicksal der Nation sicher geborgen in der Hand des Führers. Hat nicht Adolf Hitler sein Wort eingelöst, die Ketten von Versailles zu sprengen? Hat er nicht das deutsche Volk freigemacht, ihm wieder den Platz in der Welt verschafft, der einer großen Nation gebührt? Hat er nicht den tausendjährigen Traum aller Deutschen, in einem Reich vereint zu leben, zur beglückenden Wahrheit werden lassen? Und ist dies alles nicht geschehen, ohne daß auch nur ein einziger Schuß gefallen wäre? Das sind Tatsachen von geschichtlicher Härte, die niemand bestreiten kann und die jedem Deutschen so tief in die Seele gebrannt sind, daß auch der letzte unter ihnen in dieser Stunde nur einen Gedanken hat:

Führer befiehl, wir folgen!

Wir laufen mit nördlichem Kurs gegen eine ziemlich grobe See. Der Himmel ist stark bewölkt, die Sicht verhältnismäßig gut. Uns paßt das gar nicht. Könnte man doch nicht so weit sehen! Die Möglichkeit, uns zu entdecken, wäre wesentlich geringer!

Langsam geht es dem Mittag entgegen. Da erleben wir eine nette Überraschung.

„Amerikanisches Kriegsschiff steht mit Neufundland im Funkverkehr" meldet der erste Funkoffizier.

„Nanu, was machen denn hier Amerikaner?"

Der Offizier zuckt die Schultern. Das kann er natürlich auch nicht wissen.

„Na, wir werden den Burschen mal peilen, Herr Gerstung. Rufen Sie jedesmal die Brücke an, wenn er seine Funkerei in Betrieb setzt."

„Jawohl, Herr Kapitän."

Schon wendet sich Gerstung zum Gehen.

„Halt", rufe ich ihn zurück. „Da fällt mir ein, das könnte am Ende das amerikanische Küstenwachschiff ‚Campbell' sein."

Die Tarnung auf hoher See beginnt

Anstricharbeit in 70 m Höhe

Ein Malkommando geht außenbord

Schwimmwestenappell für den Ernstfall

Überrascht sieht Gerstung mich an. Er kann sich nicht erklären, woher ich diese Wissenschaft habe.

„Ja, da staunen Sie! Hier haben Sie's schwarz auf weiß."

Ein Griff in einen Stapel Zeitungen, die ich in New York zurückgelegt hatte, und schon halte ich in der Hand, was ich suche.

„Wissen Sie auch, wer sich an Bord der ‚Campbell' befindet? Kein Geringerer als Mister Morgenthau, der amerikanische Finanzminister."

Der Offizier wirft einen flüchtigen Blick in die ihm dargereichte Zeitung. Er entnimmt ihr, daß das Küsten= wachschiff „Campbell" im Auftrage der amerikanischen Regierung nach Bergen beordert wurde, um den amerika= nischen Finanzgewaltigen an Bord zu nehmen und dann schleunigst mit ihm heimzukehren.

„Keine Frage, das wird er sein, Herr Kapitän."

„Werden wir ja bald rauskriegen."

Wie oft haben nicht schon Gerstung und seine Männer ihr feines Ohr bewiesen! Bewundernswert, wie sie bereits aus dem Ton der Funkzeichen und aus der Art des Ar= beitens der fremden Funker feststellen, ob sie Frachter oder Kriegsschiff vor sich haben. Ja, sogar die Nationalität machen sie aus, ohne daß der andere sein Unterscheidungs= signal gegeben hätte.

Welch ein Glück, daß meinen Augen diese Zeitungs= meldung nicht entgangen ist! So wissen wir doch wenig= stens: entpuppt sich der andere tatsächlich als die „Camp= bell", so handelt es sich beileibe nicht um ein landläufiges Kriegsschiff; denn dann hat es einen der einflußreichsten Männer der Vereinigten Staaten an Bord.

„Amerikaner wurde von Neufundland angerufen. Handelt sich tatsächlich um die ‚Campbell'", telefoniert da auch schon Gerstung aus dem Funkraum.

Nach einer knappen halben Stunde entwickelt sich ein Zwiegespräch zwischen der „Campbell" und der Küsten= station auf Neufundland.

Kommt uns sehr gelegen! Höchst aufschlußreich, was sich die beiden da auf englisch erzählen! Für Mister Mor= genthau war ein Sonderflugzeug nach St. Johns auf Neufundland abgegangen, um ihn nach Washington zu bringen. Der Herr Finanzminister will nunmehr wissen, ob die Maschine bereits eingetroffen ist.

Nein, das Flugzeug ist noch nicht da. Es ist zwar ver= abredungsgemäß gestartet, hat aber Nebel gemeldet, und seit einigen Stunden fehlt überhaupt jede Nachricht.

Durch Funkpeilung stellen wir fest: der Amerikaner läuft von Steuerbord vorn schräg auf uns zu, und tatsäch= lich befindet er sich auf dem Track von Bergen nach Neu= fundland. Seine Entfernung kennen wir nicht. Daß er aber nicht mehr weit ab sein kann, offenbart die Lautstärke seiner Funkzeichen. Vorsichtshalber geben wir zwanzig Grad Backbord. Da wird er uns ja wohl nicht in den Weg laufen.

Unsere Funker lassen nicht mehr locker. Sobald das Kriegsschiff seine Unterhaltung mit Neufundland fort= setzt, peilen wir es, um ihm sicher aus dem Kurs zu gehen. Die Peilung ändert sich nicht. Die Möglichkeit einer Be= gegnung ist also nach wie vor gegeben. Nochmals geben wir zwanzig Grad Backbord; das dürfte genügen.

Die auf dem Amerikaner werden allmählich sichtlich nervös. Wiederholt fragen sie Neufundland nach dem Ver= bleib des Flugzeuges. Aber das ist immer noch nicht ein=

Die Tarnung auf hoher See beginnt
Anstricharbeit in 70m Höhe

getrudelt. Schlechte Aussichten für Mister Morgenthau! Wahrscheinlich hat die Maschine infolge des Nebels wassern müssen. Und was seiner Funkanlage dabei zugestoßen sein kann, das mag der liebe Himmel wissen.

Einige Zeit noch peilen wir das Kriegsschiff. Keine Sorge, wir werden uns nicht in die Arme laufen; denn langsam aber sicher sackt der Amerikaner achter aus, so daß wir an ihm vorbeikommen, ohne gesehen zu werden.

Uff! Auch das wäre glücklich überstanden! — — —

Inzwischen ist es Nachmittag geworden. Unser Bedarf an Möglichkeiten, entdeckt zu 'werden, ist für heute durch die stundenlange Peilerei mit der „Campbell" reichlich gedeckt.

„Wir haben aber noch mit den Schiffen zu rechnen, die durch die Belle Island-Straße Kanada ansteuern", macht Warning aufmerksam.

„Wird höchste Zeit, daß es Nacht wird", erwidert einer der wachhabenden Offiziere.

„Da können wir lange warten, vor halbzehn ist nichts zu machen. Und wenn wir Pech haben, verschwindet die Wolkendecke völlig, und der Mond bescheint uns taghell."

„Das fehlte gerade noch."

Das Surren des Brückentelefons unterbricht die Unterhaltung.

„Voraus Rauchsäule und die Masten eines Dampfers in der Kimm" meldet der obere Ausguck.

„Neunzig Grad Steuerbord" wird sofort das Kommando gegeben, um von ihm wegzulaufen. Wenige Minuten später wird von der Brücke aus mittels unserer scharfen Gläser an der Stellung der Masten des anderen erkannt, daß er auf westlichem Kurs vorüberliegt. Aha, das ist also schon so einer, von denen Warning eben noch sprach!

Unsere Junker belauschen ihn mit gespannter Aufmerksamkeit. Wird der Bursche uns sehen, wird er seinen Funkapparat in Betrieb setzen und unsere Position in die Welt hinausposaunen? Grund dazu hat er eigentlich nicht. Aber wundern würde er sich wahrscheinlich nicht schlecht, wenn er uns entdecken würde. Denn was hat ein Schnelldampfer der New York=Fahrt hier verloren? Jedoch — er bleibt still. Gott sei Dank!

Zum zweiten Male gehen wir heute auf unseren alten Kurs zurück. Allmählich senkt sich der Abend hernieder. Hin und wieder lugt der Mond durch die dünne Wolkendecke, unsere dunkle „Bremen" für Augenblicke gespenstisch in sein fahles Licht tauchend. Wir können ein wenig aufatmen. Die Tracks von Europa nach Kanada liegen hinter uns. Für die nächsten zwanzig Stunden brauchen wir weitere Begegnungen kaum zu befürchten.

Aber was aus dem Äther zu uns herandringt, beruhigt uns nicht sehr. Die deutschen Vorschläge zur immer noch möglichen friedlichen Beseitigung des Konfliktstoffes liegen in London. Was wird England antworten? Wird es die ihm nachgerühmte Weitsicht vor der Welt beweisen und eine Regelung ohne Blutvergießen ermöglichen? Das läge doch wahrhaftig in seinem ureigensten Interesse! Die fieberhafte Spannung, die nun schon seit Wochen über Europa liegt, hat ihren höchsten Grad erreicht. Morgen soll die Antwort der englischen Regierung in Berlin überreicht werden. Wir alle ahnen es: es wird das letzte Wort sein, das auf diplomatischem Wege gesprochen wird. Mit dieser bedrückenden Ahnung brausen wir durch die Nacht, die schwerste Schicksalsnacht der Welt seit dem Schmachfrieden von Versailles.

### England erklärt den Krieg.

Der 3. September bricht an. Ewig wird dieser Sonntag in den Annalen Europas verzeichnet sein. England lehnt das großzügige Angebot zur Erhaltung des Friedens ab. Die Antwort Mister Chamberlains besteht aus einer Note, die ein auf zwei Stunden befristetes Ultimatum darstellt: entweder stellt Deutschland die Feindseligkeiten gegen Polen sofort ein und zieht seine Truppen aus polnischem Gebiet zurück, oder aber England betrachtet sich als mit Deutschland im Kriegszustand befindlich. In einer Erklärung lehnt die Reichsregierung die englischen Forderungen ab und betont, daß das deutsche Volk sich von niemandem ein Ultimatum stellen läßt.

Wie eine Bombe schlägt diese Nachricht an Bord ein. Haben wir auch mit dieser Möglichkeit gerechnet, der letzte Funke von Hoffnung auf eine friedliche Beilegung war doch noch nicht gänzlich erloschen.

Gerstung überbringt mir die schicksalsschwere Nachricht:

„Jetzt ist es also doch so weit. Hätte nicht geglaubt, daß England sich so stark fühlt."

„Lassen Sie nur, Herr Gerstung, wir wissen wenigstens, woran wir sind. Alles weitere wollen wir vertrauensvoll der deutschen Kriegführung überlassen."

Sofort erhält der leitende Erste den Auftrag, die Mannschaft in den Speisesaal zu rufen.

Wieder stehe ich kurz darauf inmitten meiner Leute, wie erst vor wenigen Tagen. Nur, daß die Lage jetzt um vieles ernster und vor allen Dingen ganz eindeutig ist. Mit unbeschreiblicher Spannung sind Hunderte von Augenpaaren auf mich gerichtet. Was wird jetzt kommen? Was hat unser Kapitän uns zu sagen?

„Kameraden!" beginne ich, „jetzt ist es soweit. England hat Deutschland nun doch den Krieg erklärt; jetzt geht's aufs Ganze. Es wird ein Ringen um Sein oder Nichtsein werden. Wir haben uns ja schon so ziemlich auf alles vorbereitet, aber wir müssen noch mehr tun. Zuerst einmal das ganze Vorschiff räumen, alles, was dort wohnt, raus nach achtern ins Hinterschiff. Wir könnten ja mal irgendwo anbumsen, und dann gibt es Kleinholz da vorne, kostet vielleicht Menschenleben, ohne daß ein Schuß gefallen ist. Auch mit Angriffen aus der Luft haben wir zu rechnen. Viele der modernen Kreuzer haben Aufklärungsflugzeuge an Bord, die das Meer in weitem Umkreis absuchen. So ein Vogel könnte versuchen, uns mit seinem Maschinengewehr oder durch Bombenabwürfe solange zu stoppen, bis er sein Mutterschiff herbeigerufen hat. Aber auch dagegen werden wir uns zu schützen wissen. — Da das Klima kälter wird, dickes Unterzeug anziehen, eventuell sogar doppelt. Klar in den Kojen liegen, um jeden Augenblick an Deck rennen zu können. Um das ganze Schiff herum werden zusätzliche Ausguckposten aufgestellt. Die von euch mit guten Augen melden sich beim leitenden Ersten Offizier. Das wäre vorläufig alles.

Kameraden! Wir wissen jetzt, woran wir sind. Wir werden handeln, wie es der Augenblick erfordert. Ich wiederhole, was ich schon einmal gesagt habe: uns oder einige von uns können sie vielleicht bekommen, die ‚Bremen' aber bekommen sie nicht!"

Einem Treueschwur gleich erklingen die Lieder der Nation, ein stolzes, unwandelbares Bekenntnis zu Adolf Hitler und dem Großdeutschen Reich, das er uns schenkte. Jeder Mann weiß, es ist Ernst, bitterer Ernst. Noch mehr als bisher heißt es: Augen und Ohren auf! Wir haben viel zu verlieren, aber auch alles zu gewinnen. Den Triumph, gleich zu Beginn des Krieges das schönste und größte Schiff der deutschen Handelsflotte zu erbeuten, wird der Engländer jedenfalls nicht erleben.

Daß wir New York verlassen haben, daß wir ohne Passagiere fahren, alles das ist ihm bekannt. Die englische Admiralität wird uns bestimmt ihre Häscher auf die Fersen setzen.

Sollen sie nur kommen! Noch haben sie uns nicht, und sie wissen auch nicht, wo wir abgeblieben sind. Groß und weit ist der Atlantik, da wird ihnen die Suche schwer genug fallen.

Zeit — sie ist nach wie vor das, was wir nicht verlieren dürfen.

Der leitende Erste Offizier und der leitende Ingenieur sind zu einer Besprechung in mein Zimmer gebeten.

„Zunächst das Dringendste, meine Herren: wir müssen Schutzmaßnahmen gegen Fliegergefahr treffen. Lassen Sie, Herr Warning, Ruderhaus und Kartenhaus entsprechend sichern, damit so ein Vogel, wenn er über die ‚Bremen' dahinbraust, uns auf der Brücke nicht abknallen kann."

„Wofür haben wir über dreitausend Matratzen an Bord? Und Sand haben wir ja auch eine anständige Portion. Ich werde also zunächst zwischen der Vorderkante vom Ruderhaus und dem Kompaß eine dicke Bohlenwand aufrichten lassen. Der Zwischenraum wird mit Sandsäcken ausgefüllt. Da geht dann kein Maschinengewehrschuß durch."

„Einverstanden! Und was haben Sie mit den Matratzen vor?"

„Die sind ein vorzügliches Polster für die Seiten und das Dach des Ruderhauses. Natürlich müssen wir die

Dinger hoch aufschichten, damit sie auch genügend Schutz gewähren."

„Famose Idee! Aber halten Sie auch Sandsäcke gegen Bombenabwürfe an verschiedenen Stellen des Decks bereit. Ferner müssen wir Vorkehrungen treffen für den Fall, daß unsere Ruderleitung nach achtern zum Rudermaschinenraum zerstört wird. Also einen besonderen Steuerstand in der Rudermaschine einrichten, eine Telefonleitung von der Brücke dorthin legen und einen Extrakompaß aufstellen. Notfalls können wir dann das Schiff von dort aus steuern. — Sie, Herr Müller, beauftragen Ihre Elektriker sofort mit dem Legen dieser Telefonleitung. Außerdem sind die Turbinenschächte gegen Fliegerangriffe zu sichern, auch dafür sind die Matratzen gut geeignet. Der bereitgelegte Proviant ist in die Rettungsboote zu verstauen. Das Wichtigste jedoch ist: unser Gesicht muß geändert werden. Die weißen Aufbauten und die gelben Schornsteine leuchten mir zu weit. Mit anderen Worten: wir müssen uns ein unauffälligeres Kleid anlegen. Jede Abteilung rückt sogleich graue Farbe heraus, dazu Pinsel und Quaste. Wenn das vorhandene Grau nicht langt, wird aus Schwarz und Weiß Grau gemacht. Auch den letzten Mann heraus, der einen Pinsel schwingen kann. Heute abend müssen wir unsere Aufbauten selbst nicht mehr wiedererkennen — grau wie das Wetter, das ist die Losung!

Und, Herr Warning, es ist mir erwünscht, daß Sie einige beherzte Männer der Besatzung darauf aufmerksam machen, daß sie unter Umständen beim Indiebootegehen mit Beschießung zu rechnen haben. Dagegen können wir uns leider nicht schützen."

Ohne eine einzige Frage zu äußern, eilen Warning und Müller hinaus, die ihnen gewordenen Aufträge sofort in die Tat umzusetzen.

## Die „Bremen" ändert ihr Gesicht.

Wenige Minuten später stehen die Stewards in den Kabinen der dritten Klasse und holen alle Matratzen aus den Betten. Eine nach der anderen wandert in die großen Fahrstühle, die sie in Mengen von jeweils vierzig Stück auf das Sonnendeck befördern, von wo aus sie sofort zur Brücke geschafft werden. In kürzester Zeit ist das Deck des Brückenhauses sorgfältig abgedeckt. Eine große Persenning deckt den auf diese Weise geschaffenen Schutz gegen Regen ab und kräftige Leinen, kreuz und quer gespannt, sichern das Polster dagegen, von dem Fahrtwind über Bord geweht zu werden.

Auf der Brücke geht es nicht minder geschäftig zu. Kräftige Bohlen werden herbeigeschleppt, um das Ruder= haus zu schützen. Der Zwischenraum zwischen ihnen und der Wand des Ruderhauses wird mit prallen Sandsäcken und Matratzen ausstaffiert.

Im Vorschiff wimmelt es unterdes von Matrosen, Heizern, Stewards und anderen Mannschaften, die bis jetzt hier untergebracht waren. Mit Feuereifer sind sie da= bei, ihre Ausrüstungsgegenstände in das Achterschiff zu bringen, um sich dort häuslich einzurichten. Platz genug ist ja in der dritten Klasse!

Der leitende Erste hat heute noch mehr als sonst alle Hände voll zu tun. Was da alles bedacht sein will! Aber er ist nicht totzukriegen! Überall ist er anwesend, die Aus= führung der Sicherheitsmaßnahmen überwachend.

Die Aufstellung des Reservekompasses im Ruder= maschinenraum liegt ihm besonders am Herzen. Sofort hat er sich einen Zimmermann gegriffen und ihn mit der Her= stellung eines hölzernen Dreibocks beauftragt, auf dem der

Kompaß angebracht wird. Wenn jetzt das Ruderhaus beschädigt und dabei die Ruderleitung außer Betrieb gesetzt werden sollte, kann das Schiff von achtern gesteuert werden.

Da treten auch schon unsere Malerkolonnen an. In schier unübersehbarer Zahl eilen sie an Deck. Ihre Aufmachung ist einfach Geld wert! Nach ihrem Aufzuge zu urteilen, stehen sie im Begriff, zu einer Maskerade zu gehen! Die Mannigfaltigkeit ihrer Kopfbedeckungen und das alte Überzeug, das sie sich hervorgesucht haben, wahrhaftig, das ist ein Bild für Götter! Jedoch — so grotesk das alles anmutet, so sorgsam ist es bedacht. Zum Schutz gegen den Farbenregen, der sich bei der hohen Fahrt und dem Wind schon auf dem kurzen Wege vom Farbentopf zur Anstreichfläche einstellen wird, ist der unmöglichste Kopfschutz zutage gekommen: alte Strohhüte, Papiermützen, Badehauben, steife Hüte, Tücher, die zu Turbanen gedreht sind, Südwester, sie alle werden zu ehrenvollem Dienst berufen. Allein zu Dutzenden hängen die Leute bald darauf in den Bootsmannsstühlen an den mächtigen Schornsteinen, die riesigen gelben Flächen mit dem unsichtbarmachenden Grau übermalend. Wie Kletten klammern sie sich in den hohen Masten und an die Rahen, mehr als fünfzig Meter über dem Wasserspiegel, eifrig Pinsel und Quäste schwingend. Lebensgefährlich ist diese Arbeit! Mit einer Hand halten sie sich in den Rahen, mit der anderen malen sie, dem scharfen Winddruck standhaltend, mit einer Sicherheit, als wäre das tagaus tagein ihre Beschäftigung.

In einem Teil der ausgefierten Rettungsboote stehen jeweils sieben oder acht Maler auf den Bänken, die weißen Gänge außenbords mit langen Stielquasten überstreichend. Den Deubel auch — ist das ein gefahrvolles Handwerk! Hin und her pendeln die Boote, einen Halt gibt es nicht für die Männer. Bösartig peitscht der Wind ihnen dicke Farbtropfen ins Gesicht. Welch eine überflüssige, unangenehme Beigabe, dieser Sprühregen! Ständen diese Kerle nicht auf festen Seebeinen, sie würden dieses Werk niemals vollbringen können.

Stunde um Stunde geht dahin. Ungesehen stürmt die „Bremen" vorwärts, ungestört können wir unser neues Kleid anziehen. Was vermögen doch hunderte williger Hände zu schaffen, wenn sie zielbewußt eingesetzt werden und mit ganzem Herzen bei der Sache sind!

„Kaffee oder Tee gewünscht? Belegte Brote gefällig?"

Ermunternd klingen die Ausrufe der weiblichen Besatzungsmitglieder über das Deck. Das Vorbild ihrer männlichen Kameraden hat sie nicht ruhen lassen. Auch sie wollen dazu beitragen, die brandeilige, sichernde Arbeit vollenden zu helfen. Die sonst auf den Promenadendecks für die Fahrgäste gebrauchten Teewagen sind kurzerhand dazu bestimmt worden, unsere Maler zu versorgen und ihren nicht geringen Appetit mit Butterbroten zu stillen. Unter den riesengroßen Kannen mit den wärmenden Getränken glühen Preßkohlen, damit ihr Inhalt nicht kalt wird.

An geschützten Plätzen haben die Helferinnen mit ihren Vorräten Aufstellung genommen, den Kragen ihrer Mäntel bis über die Ohren hochgeklappt. Mutig halten sie der Kälte stand. Und sie hauen kräftig rein, unsere Männer, deren größte Sorge es ist, uns schnellstens unsichtbar zu machen.

Scherzworte fliegen hin und her.

„Müssen sich jetzt aber verflucht anstrengen die Tommies, wenn sie uns erkennen wollen."

„Können sich die Augen aus dem Kopf glotzen."

„Müssen sich erst mal vom Seemann zum Sehmann entwickeln! Mit ‚h‘, verstehste?"

Schallendes Gelächter begleitet den Witz.

Bis in den Abend hinein harren unsere Maler auf ihren luftigen Plätzen aus. Als sie dann ihr Werkzeug aus der Hand legen, fühlen sie ihre Knochen. Eine ungeheure körperliche Anstrengung liegt hinter ihnen. Aber steht nicht das Ergebnis ihres Einsatzes sichtbar vor ihnen? Was vorher an Aufbauten noch hell durch die Nacht leuchtete und uns leicht zum Verräter hätte werden können, ist über und über in schützendes Grau getaucht. Kein Name am Bug, kein Heimathafen am Heck kündet mehr, wer wir sind und wohin wir gehören. Wir haben erheblich an Sicherheit gewonnen.

Knallt uns ein richtiger Volltreffer ins Schiff, können wir leicht ohne Licht dasitzen. Um dieser Gefahr zu begegnen, werden die in der dritten Klasse befindlichen Notlampen, die mit Petroleum gespeist werden, hervorgeholt und in der Maschine, in den Gängen, in den Treppenhäusern und auf der Brücke bereitgestellt. An diesem Sonntag abend werden sie erstmalig angezündet, um gegebenenfalls der Mannschaft die Orientierung im dunklen Schiff wenigstens notdürftig zu ermöglichen.

### Kurs entsprechend Englands Haltung.

Abermals haben wir eine wichtige Entscheidung zu treffen. Wohin wollen wir nun? Im Navigationszimmer berate ich mit dem leitenden Ersten diese Frage.

„Na, Herr Warning, das Segelhandbuch für Island, die Faröer und Jan Mayen haben wir ja in diesen Tagen hinreichend studiert. Was meinen Sie denn nun, gehen wir Ost oder West von Island?"

Bedenklich wiegt Warning den Kopf.

„Gehen wir Ost von Island, sind wir England viel näher. Wir müssen doch sicherlich mit einer englischen Sperrlinie von Flugzeugen und Kriegsschiffen zwischen Island und den Faröern rechnen."

„Und wie denken Sie über die Route zwischen Island und Grönland hindurch?"

„Nach dem Segelhandbuch ist die Eisgefahr westlich von Island ziemlich groß. Mit Kriegsschiffen ist allerdings weniger zu rechnen. So'n kleiner Fischereikreuzer kommt mit seinen höchstens zwanzig Meilen doch nicht gegen uns auf. Außerdem herrscht auf der westlichen Durchfahrt um diese Jahreszeit fast immer Nebel."

„So habe ich mir das auch gedacht. Ich ziehe also die westliche Durchfahrt vor. Weniger Kriegsschiffgefahr, und was die Eisberge betrifft, die schießen wenigstens nicht."

Ein Entschluß von grundsätzlicher Bedeutung ist gefaßt. Wir wollen auf alle Fälle sichergehen, und diese Erwägung allein ist maßgebend dafür, den Weg westlich von Island zu wählen.

Unser Kurs wird entsprechend abgesetzt. Noch immer habe ich den Vorsatz, die „Bremen" in die Heimat zu bringen, wenn auch auf mancherlei Umwegen. Ich ahne nicht, daß um diese Stunde die Funkstation bereits eine andere Anweisung aufzunehmen im Begriff steht.

Gerstung selbst überbringt mir das geheime Code-Telegramm, Warning und mich sogleich wieder allein lassend. Mit einer von der ungeheuren Spannung des Augenblicks diktierten Hast nehmen wir die Dechiffrierung vor. Dieses erste Telegramm, das seit der Abfahrt von New York an unsere Adresse gerichtet ist, muß, so wenige Stunden nach

Kriegsausbruch, von weittragender Bedeutung sein. Und unsere Ahnung hat nicht getrogen ...

Die Weisung, Murmansk anzusteuern, den nördlichsten Kriegshafen der Welt und zugleich nördlichsten eisfreien Hafen Europas, kommt völlig überraschend.

Augenblicke verblüfften Schweigens verrinnen.

„Tja, Herr Warning", unterbreche ich schließlich die lastende Stille, „da müssen wir unsere eigenen Pläne wohl begraben. Werden sicher triftige Gründe vorliegen. Wer weiß, was man mit uns vorhat. Und außerdem — Befehl ist Befehl. Jedenfalls sind wir auf dem richtigen Wege, u. ser Kurs bleibt."

Als an diesem Sonntagabend die beiden Quartermeister abgelöst werden und sich in ihre Messen begeben, will das Rätselraten nicht aufhören.

„Menschenskind, wo fahren wir denn eigentlich hin? Der Alte hängt ja seit Kriegsausbruch keine Position mehr aus. In dieser Gegend waren wir doch noch nie."

„Mußt den Barbier mal fragen, der hört ja das Gras wachsen."

„Quatsch, sein Seifenschaum wird auch immer kälter. Kommt mir vor, als wenn wir vom Nordpol nicht mehr weit entfernt sind. Vielleicht will uns der Alte den Winter über auf Eis legen."

Steward M. ist besonders hartnäckig, er will unbedingt wissen, wohin die „Bremen" läuft.

„Mach dich nicht so wichtig, Quartermeister. Was ist schon dabei, wenn du uns die Wahrheit sagst? Also mal raus mit der Sprache: wohin steuert ihr da oben eigentlich?"

„Nach Hause, was dachtest du denn? Machen nur 'nen kleinen Umweg nach Norden."

„Na also, warum nicht gleich so? Das wissen die im Schiff übrigens schon lange."

Allerdings, irgendwie ist bekanntgeworden, daß wir erheblich nördlich halten. Für einen großen Teil der Besatzung ist das eine recht unangenehme Überraschung, ist er doch mit Kleidung und Wäsche lediglich auf eine vierzehntägige Sommerreise vorbereitet. Nun dauert die Fahrt nicht nur viel länger, sondern sie führt obendrein in Regionen, die für das mitgenommene Zeug so gar nicht geeignet sind.

Verdammt noch mal! Daran hat bislang noch niemand gedacht. Jetzt aber geht den meisten ein Licht auf! Einer hat es noch eiliger als der andere, an die Verkaufsstände heranzukommen, um an warmen Sachen zu ergattern, was noch zu haben ist. Wenn diese auch vielfach absolut nicht passen wollen, die Hauptsache ist, man braucht nicht zu frieren. Schnell sind die wenigen Vorräte erschöpft, nicht ein Stück ist mehr greifbar. Aber ein Seemann weiß sich zu helfen. Ein lebhafter Tauschhandel sorgt für einen Ausgleich, so weit es geht. Da wechselt ein wollener Schal gegen ein dickes Unterhemd seinen Besitzer, ein Paar wollene Socken geht für eine Unterhose drauf, hier wird eine Ohrenmütze gegen ein Paar Pulswärmer eingetauscht, dort ein Pullover gegen Handschuhe. Spielt ja gar keine Rolle, ob der Wert der Gegenstände einigermaßen aufeinander abgestimmt ist! Wenn sie nur für den, der sie einhandelt, die notwendige Ergänzung seiner Ausrüstung bilden!

Die Schiffsleitung ist zufrieden, daß sich die Besatzung so gut zu helfen weiß. Nun mögen ruhig kältere Tage kommen. Schlimmstenfalls haben wir ja noch Wolldecken genug an Bord, um warme Sachen daraus zu schneidern.

## Noch ein Gegner: Eisberge!

Die anstrengenden Tage machen sich bemerkbar. Es wird Zeit, auszuruhen, um dann wieder in alter Frische auf dem Posten sein zu können. Früh ziehe ich mich an diesem Abend zurück. Doch mit des Geschickes Mächten ...

Um neun Uhr läßt mir der wachhabende Offizier Nebel melden. Es hilft nichts, ich muß wieder raus auf die Brücke.

Verdammt, ist das kalt geworden! Die Wassertemperatur beträgt allerdings noch elf Grad über Null.

In kurzer Zeit wird der Nebel balkendick, keine Hand vor Augen ist mehr zu sehen. Wir suchen größere Wassertiefen auf, um nicht etwa mit Fischern zu kollidieren. Bei der hohen Fahrt, die die „Bremen" läuft, wäre es nicht möglich, rechtzeitig auszuweichen.

Neuneinhalb Grad über Null zeigt das Thermometer die Außentemperatur an. Fortgesetzt wird auch die Wassertemperatur scharf kontrolliert; denn wir sind in einer Gegend, in der mit Eisgefahr stark zu rechnen ist.

Stunde um Stunde rasen wir durch den Nebel, alle vier Maschinentelegrafen auf „Achtung!" gestellt. Jeden Augenblick kann ein Maschinenmanöver erforderlich werden. Unten bei den vier Maschinen versehen die Ingenieure mit den Maschinisten ihren Dienst. Angespannt bis zum äußersten sind ihre Nerven. Sie warten und warten, lassen den Maschinentelegrafen nicht eine Sekunde aus den Augen, um notfalls ein Manöver blitzschnell ausführen zu können. Denn eines steht fest: kommt es dazu, dann ist oben etwas kritisch, dann muß mit affenartiger Geschwindigkeit gehandelt werden. Das Schicksal der „Bremen" hängt davon ab.

„Wassertemperatur auf plus zehn Grad gefallen", meldet einer der beiden Quartermeister gegen Mitternacht. Also

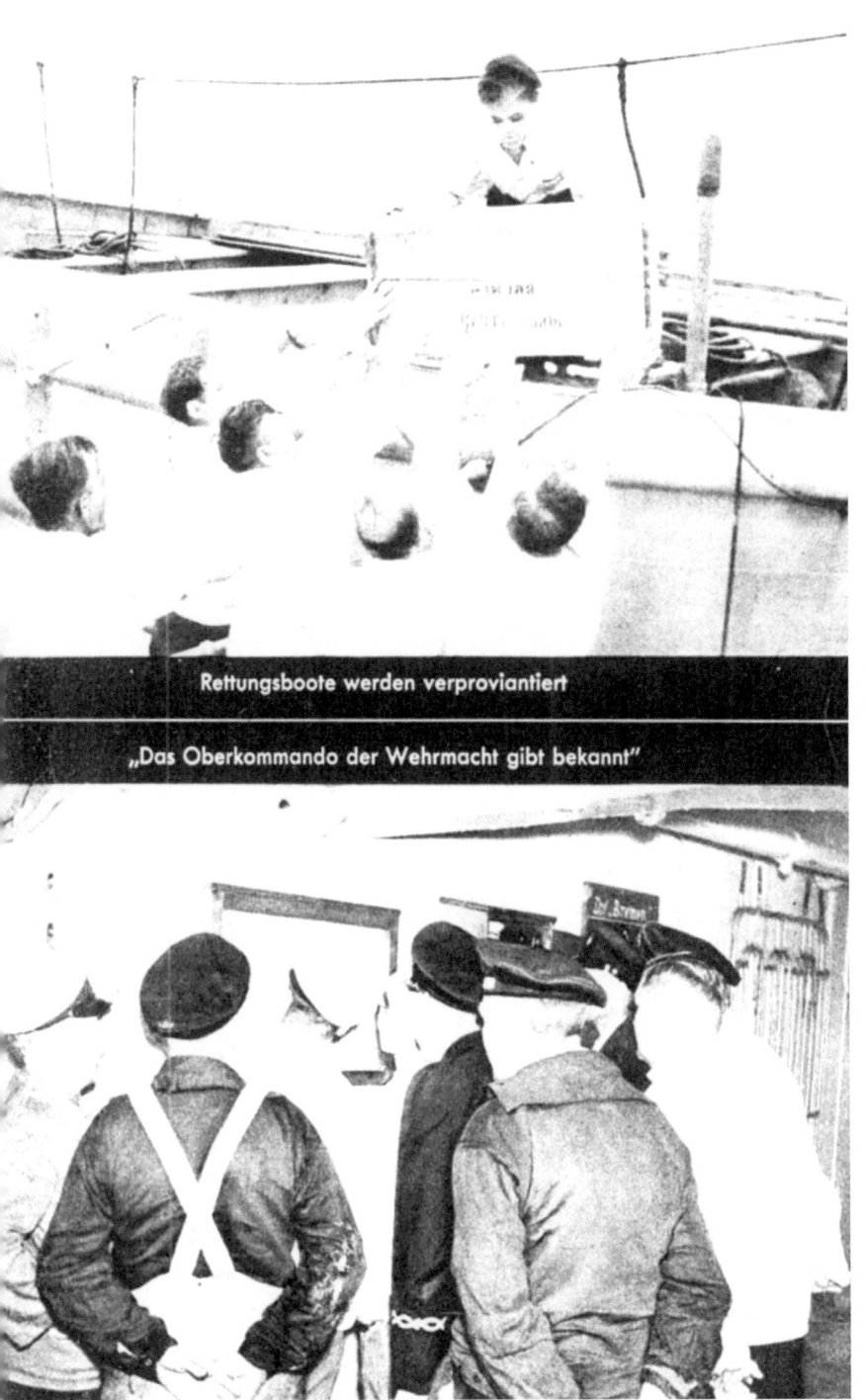

Rettungsboote werden verproviantiert

„Das Oberkommando der Wehrmacht gibt bekannt"

Sandsäcke liegen achtern zum Schutz gegen Fliegerangriffe

Alles ist für den Ernstfall gerüstet

ein Grad weniger als vor drei Stunden. Das läßt sich noch ertragen.

Der Nebel wechselt mit Sprühregen ab. Langsam, unerträglich langsam geht es auf die dritte Morgenstunde.

„Helle Feuer an Steuerbord achtern", gibt da plötzlich der Posten vom Achterschiff durch das Telefon.

Ein Sprung, und wir stehen auf der Steuerbordseite der Brücke, reißen unsere Augen auf, bohren sie förmlich in die undurchdringliche graue Wand. Aber so sehr wir uns auch anstrengen, nichts sehen wir als das ewige Grau in Grau. Sollte sich der Posten getäuscht haben, was ja infolge des unablässigen Starrens in den Nebel nicht ausgeschlossen wäre? Aber auf eine Rückfrage von der Brücke bestätigt er seine Wahrnehmung.

Unverzüglich stehen sämtliche Maschinen still. Das Ruder wird hart Backbord gelegt, querab von ihrem Kurs läuft die „Bremen" mit gestoppten Maschinen aus. Wie abgeschnitten sind die leichten Schwingungen, die das Arbeiten der Maschinen im ganzen Schiff hervorruft.

Die durch das stundenlange Stieren in den Nebel schon bis zum äußersten angespannten Nerven straffen sich bis zum Zerspringen. Was ist da los? Was wir nicht sehen können, versucht das Gehör zu erfassen. Wir horchen, horchen, horchen . . . Nichts ist zu hören, nichts zu sehen!

„Na, scheint sich tatsächlich getäuscht zu haben, unser Mann", unterbricht der leitende wachhabende Offizier die unheimliche Ruhe.

„Scheint so, aber wir müssen besonders Obacht geben auf Fischereikreuzer. Diese Burschen sind mit den feinsten Horchgeräten ausgerüstet. Ihnen ist ja bekannt, daß sie damit nicht nur die Schraubengeräusche auf ziemliche Entfernung wahrnehmen, sondern auch die Richtung, aus der sie kommen, feststellen können. Und wer ein bißchen Übung darin hat, weiß sogar, ob es sich um einen Frachter, einen Schnelldampfer, einen Zerstörer oder gar um ein Schlachtschiff handelt."

Nichts um uns herum regt sich. Aber nach wie vor ist größte Vorsicht am Platze. Mit zunächst ganz kleiner Fahrt wird die Reise fortgesetzt, damit sich das Schiff um Himmelswillen nicht durch Schraubengeräusche verrät. Nach und nach erst wird die Geschwindigkeit gesteigert, bis die „Bremen" schließlich wieder mit voller Fahrt durch den Nebel stürmt.

Es bleibt uns keine Zeit, unseren Gedanken über diesen Zwischenfall nachzuhängen. Unsere Aufmerksamkeit wird voll beansprucht. Immer noch ist es dunkel und unsichtig.

„Außentemperatur sechs Grad, Wassertemperatur fünf Grad über Null", tönt die Stimme des Quartermeisters monoton durch die Stille.

Verteufelt unangenehme Sache das, dieser Temperaturfall von Luft und Wasser! Unablässig werden mit dem Echolot Lotungen durchgeführt, um zu kontrollieren, daß wir uns außerhalb der Fischbänke Islands halten. 900, 800, 500 Meter Wassertiefe werden gelotet, das geringste Tief wird mit 270 Metern gemessen. Aber lieber dem Eise etwas näher, als plötzlich inmitten einer Fischerflotte steamern!

Denn das könnte unter Umständen das doch recht unfreiwillige Ende unserer Fahrt bedeuten.

„Wassertemperatur vier Grad über Null", kommt da die Meldung.

Und nun fällt das Wasserthermometer wie am laufenden Band. Drei Grad, zwei Grad, ein Grad über Null. Kein Zweifel, wir befinden uns in bedrohlicher Eisnähe. Wird höchste Zeit, hier herauszukommen.

"Steuerbord das Ruder!" gebe ich das Kommando.

Wärmeres Wasser heißt das Ziel. Sehen können wir nichts, jeder Augenblick kann uns mit dem gefürchteten Eis in Berührung bringen. Treibeis, Packeis, Eisberge..., so angestrengt die um das ganze Schiff postierten Offiziers= wachen auch hinauslugen, keine Brandung, nichts ist wahr= zunehmen. Was haben die nächsten Minuten mit uns vor?

Noch immer steigt die Wassertemperatur nicht, noch immer steht das unbestechliche Quecksilber auf dem kleinen ersten Strich über Null. Eine glatte halbe Stunde ändert sich das nicht.

Endlich... klettert die Quecksilbersäule langsam empor. Zwei Grad, drei Grad, fünf Grad, sechs Grad über Null. Aber dann rührt sie sich nicht mehr vom Fleck. Wir atmen auf, die Eisgefahr ist für dieses Mal vorüber. Es geht wieder auf alten Kurs. War doch eine verdammt heikle Situation!

## Die "Bremen" im Polarmeer.

Grau und diesig kriecht der Tag herauf. Für einige Stunden läßt der Nebel etwas nach, die Sicht beträgt etwa eine Seemeile.

Auch der letzte Schiffahrtsweg, auf dem die Schiffe Island nördlich umfahren, liegt hinter uns. Wir sind allein auf weiter Flur — ganz allein, haben voraussichtlich 36 Stunden freie Bahn.

Die "Bremen" im Polarmeer — eine einmalige Er= scheinung!

"Wenn wir so weitermachen, müssen wir übermorgen ausgerechnet bei Tageslicht den Dampfertrack Spitzbergen= Norwegen passieren, Herr Warning. Ich glaube, das kön=

nen wir ruhig riskieren; denn bei dem geringen Verkehr werden wir wohl nicht gerade einem Dampfer in die Arme laufen."

„Ich habe ebenfalls keine Bedenken, Herr Kapitän. Bis jetzt haben wir uns ja glücklich durchgemogelt, und die letzte Strecke wird auch wohl glatt gehen."

„Auch meine Überzeugung. Allerdings könnte ich mir denken, daß der Engländer sich inzwischen auf der Linie Bäreninsel—Nordkap aufgebaut hat; denn diese Entfernung ist nicht zu groß, um hier vielleicht auf Erfolg hoffen zu können."

Auf der Karte im Navigationszimmer wird mit dem Zirkel die Entfernung von der jetzigen Position der „Bremen" bis zu der genannten Linie in großen Zügen abgesetzt.

„Da kommen wir bei dieser Geschwindigkeit zu früh hin. Wollen abwarten, wo wir morgen früh stehen, und dann die Fahrt nötigenfalls entsprechend reduzieren. Auf keinen Fall dürfen wir vor Einbruch der Nacht die Linie Bäreninsel—Nordkap passieren."

Unser Optimismus, den Dampfertrack Spitzbergen—Nordkap ohne Begegnung mit einem fremden Schiff hinter uns bringen zu können, bekommt einen kleinen Dämpfer.

Am nächsten Vormittag wird ein mittelgroßer Frachter steuerbord voraus mit Kurs nach Süden gesichtet. Aber ihn und uns nimmt eine plötzlich aufkommende Nebelbank auf. Glücklicherweise!

Als mit dem 6. September der siebente Tag heraufkommt, an dem wir unterwegs sind, ohne etwas anderes als Wasser, Nebel und Regen um uns, sind die letzten Stunden unserer Fahrt angebrochen. Jetzt kann auch die Mannschaft endlich offiziell davon unterrichtet werden, wohin es geht. Eine kleine Karte, die einer der jüngeren Offiziere zu diesem

Zweck angefertigt hat, wird am Anschlag befestigt. In der nächsten Stunde ist sie von der dienstfreien Besatzung stark umlagert. Hoch gehen die Wogen der Unterhaltung.

„Die ‚Bremen' in Rußland! Menschenskind, das hätte uns mal einer sagen sollen, als wir Ende August aus Bremerhaven abfuhren!"

„Hohe Ehre für uns, als erster deutscher Passagierdampfer den Russen unseren Besuch zu machen."

„Na, die Ehre ist beiderseits! Hoffentlich fällt auch die Aufnahme dementsprechend aus."

„Werden wir ja bald sehen."

Um acht Uhr morgens mit Warning und dem Navigations-Offizier Besprechung über das Ansteuern der Küste. Um außer Sicht zu bleiben, haben wir bisher etwa fünfzig Seemeilen von der Küste abgehalten. Jetzt liegt unser Ziel querab vor uns, also müssen wir rechtwinklig darauf zuhalten, wenn wir es auf dem kürzesten Wege erreichen wollen. Die Möglichkeit, feindlichen Kriegsschiffen zu begegnen, ist noch immer nicht ausgeschlossen. Und ausgerechnet in den letzten Stunden leichtsinnig werden, alles bisher Erreichte sinnlos aufs Spiel setzen? Dazu sind die Strapazen, die jeder in der letzten Woche willig auf sich genommen hat, denn doch nicht durchstanden worden.

„Die Sicht ist unangenehm klar heute morgen, meine Herren. Wir müssen den Kurs von dem x-ten Punkt an auf rechtwinklig Süd ändern und in vollem Tempo auf die Küste loshalten, bis wir in den russischen Hoheitsgewässern sind. Treffen wir ausgerechnet jetzt noch mit einem feindlichen Kriegsschiff zusammen, so haben wir die Möglichkeit, entweder nach Osten oder nach Westen wegzulaufen. Wenn wir dann nicht nach Rußland kommen, so wird's eben Finnland oder Norwegen. Hauptsache: unsere Sicherheit!"

Der Kurs wird eingesetzt, und unmittelbar darauf gibt der wachhabende Offizier den Befehl zur Kursänderung.

Mit 27 Seemeilen Geschwindigkeit braust die „Bremen" ihrem Bestimmungshafen zu. Kleine vierzig Seemeilen steht sie noch vor der Küste. Hin und wieder tauchen weit hinten am Horizont winzige Punkte auf, die mit scharfen Gläsern als die Schornsteine von Fischdampfern ausgemacht werden. Es sind die ersten russischen Schiffe, die wir zu Gesicht bekommen.

„Land voraus!" meldet plötzlich gegen neun Uhr vormittags der Ausguck.

Wenig später nimmt auch die Brücke den Küstenstreifen wahr. Das erste Land seit sieben Tagen! Infolge der hohen Fahrt, mit der wir darauf zuhalten, schieben sich die Gipfel des Höhenrückens der Küste schnell empor. Bald liegt der hügelige Küstenstreifen in seiner ganzen Länge vor uns, die Einfahrt in den Kola-Fjord, den wir ansteuern, verdeckend.

Die Mannschaft steht an Deck, guckt sich die Augen aus dem Kopf. Die unmöglichsten Kombinationen werden angestellt. Aus ihrer Unterhaltung klingt deutlich die Freude auf, daß das Ziel endlich zum Greifen nahe herangekommen ist.

Bewegung geht durch die Brücke. Fast gleichzeitig reißt alles die Gläser an die Augen. In einem Winkel von etwa 65 Grad Backbord vorn schiebt sich unvermittelt eine pechschwarze Rauchfahne über die Kimm, im Nu zu einer breitausladenden Wolke aufquillend.

Unablässig starren unsere Gläser auf das, was sich da am Horizont entwickelt. Einige Augenblicke vergehen. Der da drüben hat an Fahrt gewonnen und kommt schnell näher.

„Muß ein Torpedoboot oder Zerstörer sein nach der hohen Bugwelle und der Brückenkonstruktion zu urteilen", bemerkt einer der Offiziere.

„Jawohl. Die Nationalität ist nicht auszumachen, aber der scheint etwas von uns zu wollen. Er braust direkt auf uns zu."

Ausweichen! ist mein einziger Gedanke.

„Größte Düsen einsetzen!" gebe ich den Befehl in die Maschine. „Ruder Steuerbord 220 steuern."

In wenigen Minuten gehen die Maschinen der „Bremen" auf äußerste Geschwindigkeit. Dem Schwingen des Schiffes ist es anzumerken, daß sie alles hergeben, was in ihnen an gewaltiger Kraft zusammengeballt ist. Unsere breiten Rauchfahnen, die aus dem Schornstein quillen, werden schwarz. Mit 29 Seemeilen laufen wir in schrägem, etwas westlichem Winkel auf die Küste los, das Torpedoboot langsam achteraus lassend. Das Kriegsschiff versucht, sich unserm neuen Kurs anzupassen und aufzuholen. Vergeblich, der Abstand vergrößert sich ständig.

Etwa zehn Minuten dauert dieses Kriegenspielen.

„Herr Kapitän, es handelt sich um einen Russen. Ich kann seine Nationalität erkennen."

Einer der Offiziere hat diese Beobachtung gemacht.

„Richtig! Jetzt liegt er so, daß auch ich ihn gut ausmachen kann. Ist überdies so dunkel gestrichen, daß von einem Engländer keine Rede sein kann. Lassen Sie unser Schiff wieder auf alten Kurs kommen, Maschine soll normale Düsen wieder einsetzen."

Nun besteht keine Gefahr mehr, wir können uns ruhig zu erkennen geben. An der Gaffel geht die Nationalflagge hoch. Gleichzeitig wird im Großtop die Lloyd-Flagge ausgerissen, während im Vortop, wo üblicherweise die Flagge des Bestimmungslandes gezeigt wird, sich zum erstenmal in der Geschichte unseres Schiffes die Sowjetflagge entfaltet, Hammer und Sichel auf rotem Grund zeigend. Unser Bordschneider hat sie während der letzten Tage in aller Heimlichkeit anfertigen müssen. Sie ist ihm vortrefflich gelungen. Am Signalstag über der Kommandobrücke wird außerdem das Unterscheidungssignal gesetzt. Jetzt weiß der Russe, wen er vor sich hat.

Unsere Fahrt vermindert sich, die starken Schwingungen im Schiffskörper lassen nach, bald auf die gewohnte leichte Vibration zurückgehend. Die drohend schwarzen Wolken, die unsere Schornsteine hervorpaffen, verwandeln sich wieder in friedlich-harmlose Rauchfahnen. Gute vier Seemeilen trennen uns noch von den Hoheitsgewässern. Der Russe, mittlerweile achteraus gesackt, bemüht sich indessen, uns auf den Fersen zu bleiben.

Nach einer knappen halben Stunde nähern wir uns der Einfahrt in den Kola-Fjord. Die vorbereiteten Code-Telegramme, die der Heimat und vor allem unserer Reederei in Bremen melden, daß wir in die Kola-Bucht einlaufen und in Sicherheit sind, werden der Funkstation zugeleitet. Wenige Augenblicke später geht die Nachricht, auf die ganz Deutschland mit fiebernder Sehnsucht wartet, über Norddeich an ihre Empfänger. Gleichzeitig bekommt vorsichtshalber der Hafenkapitän von Murmansk ein Telegramm, das einen Lotsen anfordert.

Langsam wird die Fahrt aus dem Schiff genommen, bis wir in der Einfahrt zum Fjord gestoppt liegen und treiben. Ein Ankern ist infolge der großen Wassertiefe unmöglich. Am Signalstag weht das Signal, daß ein Lotse für Murmansk gewünscht wird.

Unser Verfolger ist nun soweit herangekommen, daß wir erkennen: auch er hat Signale gesetzt.

„Sie befinden sich in russischen Hoheitsgewässern. Wohin wollen Sie?"

Nun, das kann ihm unser Signal nach einem Lotsen für Murmansk ja verraten. In einem Abstand von etwa 250 Metern braust der Russe an uns vorüber, um einige hundert Meter voraus umzudrehen und sich die „Bremen" auch von der anderen Seite zu besehen. Unseren Namen am Bug und den Heimathafen am Heck, beide mit dem Mantel der Liebe zugedeckt, sucht er vergeblich.

In einiger Entfernung baut sich das Torpedoboot schließlich auf, ebenfalls in der breiten Einfahrt zum Fjord treibend. Da hält aber schon ein Regierungsboot von Land auf uns zu und kommt längsseits. Zwei Marineoffiziere steigen über die ausgebrachte Treppe an Bord. Die Begrüßung trägt den Stempel einer gewissen Befangenheit der Russen, die sich aber bald löst, als wir ihnen Gelegenheit geben, sich auf unserer großen Kommandobrücke ausgiebig umzusehen.

Aber die Verständigung! Die Unterhaltung wird englisch geführt, da die Russen kein Deutsch sprechen und ich natürlich kein Russisch. Bald stellen sich jedoch Schwierigkeiten ein, da meinen Gesprächspartnern die englische Sprache nicht so geläufig ist, daß wir uns reibungslos unterhalten können. Da kommt mir ein rettender Gedanke.

„Wir haben doch den Steward Otersen an Bord, der in Kronstadt geboren ist. Der spricht doch russisch. Lassen Sie ihn sofort heraufkommen!"

Otersen wird unser rettender Engel. Mit verblüffender Geschicklichkeit führt er sich in das Amt des Dolmetschers ein, das er von heute ab bei mir übernimmt.

„Wann bekomme ich den Lotsen für Murmansk?"

„Es wird Ihnen in kürzester Zeit ein Lotse zur Verfügung stehen. Aber wir wollen Sie nicht nach Murmansk bringen. Ganz in der Nähe hier befindet sich die Saida-Bucht, in der Sie sehr geschützt liegen. Dort wollen wir Sie verankern."

Der russische Offizier hat eine kleine Spezialkarte mitgebracht, die er vor mir ausbreitet. Er bemüht sich eifrig, mir die Vorzüge der Saida-Bucht schmackhaft zu machen und mich davon zu überzeugen, daß die „Bremen" nirgends besser aufgehoben ist.

Ich nehme die Schiffslänge in den Zirkel und übertrage sie auf die Karte.

„Ausgeschlossen, die Saida-Bucht kommt nicht in Frage. Sehen Sie, mein Schiff ist 286 Meter lang, Ihre Bucht hat aber höchstens 500 Meter Durchmesser im Tiefwasser. Wie kann ich da mit meinem Riesenschiff vor Anker frei herumschwingen? Überdies beträgt die Wassertiefe in der Mitte der Bucht, wo ich ankern müßte, 90 Meter. Zu allem Überfluß ist der Meeresboden felsig, also an sich schon ein miserabler Ankergrund. Das ist also nicht zu machen. Außerdem — meine Bestimmung ist Murmansk."

„Woher haben Sie diese Bestimmung?"

„Von Deutschland natürlich."

Seine offensichtliche Vermutung, daß ich von mir aus Murmansk gewählt haben könnte, sieht der Russe nicht bestätigt. Er berät sich mit seinem Kameraden, was zu tun ist. Die beiden werden sich schnell einig.

„Wollen Sie nicht lieber nach Archangelsk fahren, Herr Kapitän?"

„Tut mir leid, nein. Erstens habe ich für die 450 Seemeilen kein Öl genug, zweitens ist Archangelsk nicht eisfrei,

und drittens wiederhole ich: mein Befehl lautet auf Mur=
mansk."

Eine Weile überlegt der Offizier mit seinem Begleiter.

„Gut", stimmt er dann zu, „wir werden Ihnen einen
Lotsen für Murmansk an Bord schicken."

Höflich grüßend verabschieden sie sich von uns, klettern
in ihr Boot zurück und begeben sich an Land. Keine halbe
Stunde später kommt der Lotse mit Grenzpolizei an Bord.

Das Torpedoboot, das es vorhin so eilig hatte, uns
näherzukommen, hat sich inzwischen davongemacht. Rauch=
wolken zeigen uns an, daß es in südwestlicher Richtung dem
Meere zustrebt.

Der Maschinentelegraf geht auf halbe Kraft. Lang=
sam schiebt sich die „Bremen" in den Kola=Fjord. Neugierig
drängt sich die Mannschaft zu beiden Seiten der Reling,
die ungewohnte Landschaft musternd. Wie gern hätte man=
cher unter ihnen seinen Photoapparat gezückt, um an diese
denkwürdige Gegend eine bleibende Erinnerung zu haben.
Aber sofort nach ihrem Anbordkommen hat die russische
Grenzpolizei sämtliche Photoapparate mit der Begründung
unter Verschluß nehmen lassen, daß die ganze Kola=Bucht
militärisches Gebiet und Photographieren daher verboten ist.

Im Gegensatz zu den schroffen, karstmäßigen Abhängen
der norwegischen Fjorde steigen die Ufer des Kola=Fjordes zu
beiden Seiten sanft an, selten nur unterbrechen steile Klippen
dieses Bild. Der felsige Boden trägt nur kümmerliche Ve=
getation. Grobes Gras und Gestrüpp herrschen vor. Weiter
innerhalb, an geschützten, der Sonne zugekehrten Abhängen,
ist das Wachstum ein wenig üppiger. Birken wechseln mit
Kiefern ab, und hin und wieder unterbricht eine saftige
Weide die Eintönigkeit der Landschaft.

Um 14.15 Uhr rasselt die schwere Ankerkette durch die Klüse. Die „Bremen" ist im Hafen von Murmansk. 4045 Seemeilen hat sie seit der Abfahrt von New York zurückgelegt. Sechs Tage, dreizehn Stunden und sechsunddreißig Minuten ist sie unterwegs gewesen, um diese Strecke zu bewältigen. Schiff und Mannschaft haben eine einzigartige Leistung vollbracht. Alles ist gelungen, niemand hat versagt, weder Schiff noch Mann. Beide wuchsen zu einer beseelten Einheit zusammen, die allein den hohen Einsatz wagen und gewinnen konnte.

IV.

# Im nördlichsten Kriegshafen der Welt

### Die „Bremen" in Sicherheit.

Murmansk, etwa 25 Seemeilen einwärts an der östlichen Seite des Kola-Fjordes gelegen, vermittelt in allem den Eindruck einer förmlich aus dem Boden gestampften Stadt. Sie hatte im Jahre 1926 etwas mehr als 9000 Einwohner, zählt jetzt aber ein Vielfaches davon. Sich wie ein schmaler Schlauch nach Norden ausdehnend, besitzt es nur zwei nach unseren Begriffen gepflasterte Straßen, während die übrigen Verkehrswege als weniger gut anzusprechen sind. Abgesehen von einer einzigen Straße, die große, geräumige Steinhäuser aufweist, sind die übrigen Bauten ausnahmslos aus Holz aufgeführt, sichtlich, um bei ihrer Errichtung Zeit zu sparen.

Zwei größere Hotels bilden mehr oder weniger den geselligen Mittelpunkt der Stadt, insbesondere das moderne Hotel „Arktic". Hier trifft sich nicht nur alles, was nach Murmansk kommt, auch die reichen Händler der Stadt geben sich hier ein Stelldichein. In Rußland feiert man keinen Sonntag. Jeder sechste Tag ist arbeitsfrei. Dann pflegt es im Hotel „Arktic" besonders lebhaft herzugehen. Neben dem Wodka kommt der Tanz ausgiebig zu seinem Recht.

Demgegenüber spielt sich das gesellige Leben der Einwohner allgemein in den Klubhäusern ab. In einem dieser großen Klubs werden Zusammenkünfte abgehalten mit dem ausgesprochenen Charakter eines Volksbildungswerkes. Jeder kann sich entsprechend seinen Fähigkeiten betätigen und erhält gegebenenfalls eine kostenlose Weiterbildung, eine Einrichtung, für die wohl die Vereinigten Staaten das Beispiel gegeben haben. Nicht nur Sprachkurse oder andere Lehrgänge des kaufmännischen und allgemeinen Wissens werden abgehalten, sondern auch Talente auf dem Gebiete der Kunst werden erprobt und ausgebildet. Von hier aus hat in der Zeit nach der russischen Revolution schon mancher bekannte Künstler seinen Weg in die Öffentlichkeit genommen, ist zu Ruhm und Ehrungen gelangt.

Die Seeleute verfügen über zwei Klubhäuser, von denen das größere für die Russen selbst vorgesehen ist, während das kleinere dem Aufenthalt der Ausländer dient. Das russische Haus, ein großes zweistöckiges Gebäude, ist auch für die Aufnahme der Familienangehörigen russischer Seeleute eingerichtet. Denn nicht wenige kommen ganz vom Schwarzen Meer herauf, um längere Zeit in der Holzfahrt des Nordens tätig zu sein. Sie lassen vielfach ihre Familien nachkommen, um ihren jeweiligen Aufenthalt in Murmansk mit ihnen verbringen zu können.

Das Klubhaus für Ausländer bietet etwa hundert Menschen Platz. Vorwiegend Norweger, Finnen, Estländer, aber auch Schweden und Holländer treffen sich hier, eine kleine, bunte Welt, die sich aus der gemeinsamen Arbeit heraus gut und kameradschaftlich versteht.

Die Hauptlebensader der Stadt ist der Export russischer Hölzer, die mit dem Schiff oder mit der Bahn anlangen, um von hier, dem einzigen eisfreien russischen Hafen, in alle Welt verladen zu werden. Und was liegt näher, als an dieser Stätte des Holzreichtums eine verarbeitende Industrie emporwachsen zu lassen? Eine große Faßfabrik sowie bedeutende Sägereien sind bis jetzt der sichtbare Ausdruck dieser Tatsache, während sich zwei Zellulosefabriken im Bau befinden. Daneben besteht eine Phosphatausfuhr, die, wenn sie auch prozentual gegenüber dem Holzumschlag gering ist, doch als recht ansehnlich bezeichnet werden kann, zumal sie ständig an Umfang gewinnt. Gleicherweise blüht die Fischindustrie empor. Ähnlich wie die Schotten zu Beginn eines jeden Sommers mit ihren kleinen, schneidigen Driftern sozusagen vor ihrer Haustür den Heringsfang ausüben, so besitzen die Russen unmittelbar an der Murmansk-Küste reiche Fischgründe. Die prächtigsten Exemplare von Steinbutt, Tarbutt, Seelachs, Schellfisch usw. werden gefangen, also eine Auswahl, die auch den verwöhntesten Feinschmecker befriedigt.

So stellt sich in großen Zügen das Gesicht der Stadt dar, die nun für länger als ein Vierteljahr unser Aufenthalt werden soll.

Unmittelbar nachdem wir Anker geworfen haben, kommt die Zollbehörde an Bord. Der Aufbewahrungsraum unserer bereits unter Verschluß genommenen Photoapparate wird versiegelt. Dem gleichen Schicksal fallen die Verkaufsstände des Schiffes anheim. Die selbständige Verbindung mit der Außenwelt wird unterbrochen durch die geforderte Abnahme der Antennen. Funk- und Telephoniestation werden gleichfalls mit einem Siegel bedacht, so daß wir also weder senden noch empfangen können. Dagegen bleibt der Gemeinschaftsempfang für die Besatzung von dieser Maßnahme unberührt.

Wieder einmal ist die Besatzung im Speisesaal angetreten, nachdem sich jeder vom Zahlmeister sein Seefahrtsbuch hat aushändigen lassen. Die Bücher werden eingesammelt, um als Unterlagen für die später auszustellenden Landgangspässe zu dienen. Eine Zählung der Mannschaft ergibt die Übereinstimmung mit den Mannschaftslisten. Schnell sind diese Formalitäten erledigt. Höflich verabschieden sich die Russen, nicht jedoch, ohne uns noch mitgeteilt zu haben, daß vorläufig niemand an Land kann und daß auch kein Boot zu Wasser gelassen werden darf.

Nun sind wir allein. Eine Fahrt voll ungeheurer Anstrengungen liegt hinter uns. Aber wir brauchen nicht mehr auf der Brücke zu stehen, brauchen unsere schmerzenden Augen nicht mehr in die undurchdringliche Nebelwand zu bohren und Ausschau nach feindlichen oder neutralen Schiffen zu halten. Wir brauchen nicht mehr im Ausguck zu frieren, brauchen keine Wachen mehr auf dem ganzen Schiff aufzustellen, sie zu äußerster Wachsamkeit ermahnend. Wir brauchen nicht mehr zu befürchten, jeden Augenblick gesehen, verraten oder gar aufgebracht zu werden und dann unser schönes Schiff dem Meere preisgeben zu müssen. Wir sind in Sicherheit!

Die Reaktion auf die Spannung der letzten Tage macht sich bemerkbar. Ruhe und Schlaf, die wir in so mancher gefahrvollen Stunde entbehren mußten, dürfen endlich zu ihrem Recht kommen. Und wie froh sind die meisten, daß nach dem Abendessen wieder erstmalig an Deck geraucht werden darf, daß nicht mehr trübe Notlampen Decks und Gänge erleuchten, sondern das elektrische Licht wieder eingeschaltet werden kann. Das ist ein Abend, dieser 6. September, wie seit langem keiner! Früh begibt sich jeder, der in den letzten Nächten auf verantwortungsvollem Posten ausharren mußte, zur Ruhe, einer Ruhe, die wirkliche Ruhe ist. Selbst unsere ganz Vorsichtigen, die ihr Nachtquartier in der Halle aufgeschlagen hatten, verziehen sich wieder nach unten auf ein weicheres Lager.

Nichts kann die Freudenstimmung trüben, selbst nicht der Umstand, daß die der Mannschaft für ein etwa erzwungenes Vonbordgehen vorsichtshalber pro Kopf ausgezahlten drei Dollars beim Zahlmeister wieder abgeliefert werden müssen. Jeder verzichtet gern auf diesen Notgroschen, der jetzt nützlicher verwandt werden muß. Denn, kaum befreit von dem ungeheuren Druck der Verantwortung während dieser denkwürdigen Reise, stürmen schon neue Sorgen auf mich ein:

Wie bekommst du deine neunhundert Mann hier satt? Das ist die Frage, die mich quält und die dringend eine Antwort erheischt.

„Legen Sie mir morgen eine Aufstellung über unsere Proviantvorräte vor. Ich möchte auch wissen, wie lange wir noch reichen, wenn wir in der gleichen sparsamen Weise wie seit New York weiterwirtschaften", bekommt am späten Abend Zahlmeister Rohde Auftrag.

Und während der größere Teil der Besatzung beim Bier das Ereignis feiert, im neutralen Hafen vor feindlichen Zugriffen geborgen zu sein, stehen die Unentwegten an Deck und träumen, den Blick in die ungewohnte Umgebung versenkend, in den Abend hinaus von der weiten Heimat. —

### Warten, warten — nichts als warten!

Am nächsten Vormittag meldet sich Zahlmeister Rohde. Bis ins kleinste hat er die gewünschten Aufstellungen fertiggestellt.

„Ich danke Ihnen, Herr Rohde. Das würde also reichen für — sagen wir — drei Wochen. Voraussetzung ist natürlich, daß der augenblickliche Verpflegungsstandard beibehalten wird."

„Ganz richtig, Herr Kapitän. Trotzdem sollten wir darauf bedacht sein, die uns zuerst ausgehenden Artikel so schnell wie möglich zu ersetzen."

„Gut, was brauchen Sie denn?"

„Mehl, Fette, Gemüse, Hülsenfrüchte, Speck."

„Na, das ist ja eine ganz nette Serie. Müssen mal sehen, wie wir zurechtkommen. Hauptsache ist, daß wir erst mal an Land dürfen und nicht noch tagelang halbwegs gefangen auf unserem Schiff sitzen. Sobald die Landgangspässe da sind, nehmen Sie die notwendigen Verbindungen auf und berichten mir zunächst einmal über die Möglichkeiten."

„Soweit ich unterrichtet bin, können wir ausschließlich von Regierungslagern und nur zu festen Preisen kaufen."

„Das soll uns gleich sein, wenn wir man nur Kredit bekommen. Mit den paar Kröten, die Sie noch in der Schiffskasse haben, können wir keine großen Sprünge machen."

Der Ungewißheit über unsere Versorgung werden wir jedoch eher enthoben, als wir es uns träumen lassen. Denn am Nachmittag trifft ein Telegramm von der Deutschen Botschaft in Moskau ein, das für den kommenden Sonntag den Besuch eines Vertreters der Botschaft ankündigt, der uns bei der Regelung unserer Angelegenheiten bei den russischen Behörden seine Hilfe leihen soll.

Noch keine vierundzwanzig Stunden sind wir im sicheren Port, als Generalfeldmarschall Göring zu der Sicherstellung unseres Schiffes telegrafisch seine Glückwünsche und seine Anerkennung ausspricht.

„In stolzer Genugtuung über die Rückkehr der Bremen und der Sicherstellung spreche ich Ihnen und der Besatzung für das tapfere und umsichtige Verhalten meine besondere Anerkennung aus.

Heil Hitler!
Göring, Generalfeldmarschall."

Seine Worte, die durch Anschlag im Schiff bekanntgegeben werden, lösen bei der Besatzung jubelnde Freude aus. Am nächsten Morgen telegrafiert auch bereits der Norddeutsche Lloyd:

„Sie haben durch ausgezeichnete Führung und kameradschaftliche Verbundenheit in gemeinsamer Leistung das Spitzenschiff der ganzen deutschen Handelsflotte gegen den Zugriff eines angeblich die Meere beherrschenden feindlichen Englands gesichert. Der Lloyd ist stolz auf Sie und die Besatzung seines Flaggschiffes. In dankbarer Anerkennung ernennen wir Sie zum Kommodore unserer Flotte.

Heil Hitler!

Norddeutscher Lloyd

Rudolf Firle."

Offen gestanden, das ist eine Ehrung die ich nicht erwartet habe. Sie erfüllt mich mit Stolz. In ihr kommt aber auch die Anerkennung für alle Männer zum Ausdruck, die während der hinter uns liegenden Reise unerschrocken und unermüdlich in Wind und Wetter auf gefahrvollem Posten ausgeharrt haben, ein leuchtendes Beispiel selbstverständlicher Pflichterfüllung des deutschen Seemanns. Dieses Telegramm geht daher jeden einzelnen von uns an. Einer der Offiziere erhält den Auftrag, es bekanntzugeben.

Die Freude ist allgemein. Die Händedrücke und Glückwünsche nehmen an diesem Tage kein Ende. —

Die erste Tat des Herrn Dr. von Walther von der Deutschen Botschaft nach seiner Ankunft ist, daß er den Kapitänen der inzwischen in Murmansk eingetroffenen deutschen Schiffe Landgangspässe besorgt. Am Dienstag findet dann an Land eine Besprechung mit den russischen Behörden statt.

Die „Bremen", als der größte im Hafen befindliche deutsche Dampfer, wird zum sogenannten Store-Schiff bestimmt. Uns allein liegt also der Einkauf für alle deutschen Schiffe ob. Diese haben uns wöchentlich ihren Bedarf zu melden und bekommen dann durch eines unserer Motorboote das Angeforderte an Bord geliefert. Der Schmerz der Bezahlung, der uns das größte Kopfzerbrechen machte, wird uns vorläufig von der Botschaft abgenommen. Den vielen Seeleuten, die mittlerweile Zuflucht in Murmansk gesucht haben, ist damit ein schwerer Stein vom Herzen gefallen.

Einige Tage darauf weilt der Leiter des Kontrollpunktes, eine Art von Staatspolizei, an Bord. Aha, das ist eine feine Gelegenheit, bei ihm ein paar Wünsche anzubringen. Otersen, unser Mann aus Kronstadt, erhält schnell einige Instruktionen, und dann geht's direkt auf das Ziel los.

„Es wäre mir erwünscht, wenn Sie die Erlaubnis zur Wiederinbetriebnahme unserer Empfangsanlagen geben könnten", beginne ich.

Etwas überrascht sieht mich der Russe an.

„Sehen Sie", fahre ich fort, „russische Zeitungen können wir nicht lesen. Der Radioempfang bleibt also die einzige Brücke zur Heimat für uns. Außerdem müssen Sie bedenken, daß ich die Räume, in denen sich die Funkanlagen befinden, regelmäßig durch Kontrollen begehen lassen muß. Da sie oben an Deck liegen, müssen sie gut geheizt werden, um Frostschäden an den kostbaren Apparaten zu vermeiden. Platzt überdies einmal eine Rohrleitung oder tritt sonst ein

Zwischenfall ein, so sind wir einfach nicht in der Lage, das rechtzeitig festzustellen, weil wir keine Überwachung der Räume ausüben können. Nach meiner Auffassung wäre es am zweckmäßigsten, wenn Sie lediglich unsere Sende= apparate versiegeln, uns den Empfang jedoch freilassen würden."

Otersen hat das mit großem Schwung vorgetragen. Der Russe ist sichtlich beeindruckt, wechselt einige Worte mit seinen Begleitern.

„Das sehe ich ein, Herr Kapitän, Ihrem Wunsche soll Rechnung getragen werden. Wir würden ohnedies ja so= fort merken, wenn Sie funken sollten; denn unsere Militär= funkstation da oben auf dem Berge schläft bestimmt nicht!"

Fünf Tage Murmansk haben wir schon hinter uns, und noch immer sind die Landgangspässe für die Besatzung nicht eingetroffen. Bei Rückfragen wird stets erneut ver= sichert, daß sich die Ausstellung lediglich infolge der großen Stückzahl verzögere, daß man sich aber beeilen werde, die Angelegenheit zu ordnen. Schon beginnt ein großer Teil der Mannschaft nervös zu werden; denn tagelang auf einem Schiff im Hafen zu sein und keinen Fuß an Land setzen zu dürfen, das ist etwas, was einem Seemann durchaus nicht gefallen kann.

Da erhält am Dienstag Dr. von Walther von der Deutschen Botschaft überraschend die Mitteilung, daß der größte Teil der Besatzungen der deutschen Schiffe die Heim= reise nach Deutschland antreten soll. Allerdings kann ein genauer Termin noch nicht festgelegt werden. Wie eine Bombe schlägt diese Nachricht ein.

Für die „Bremen" bedeutet dies, daß etwa achthundert= fünfzig Mann Aussicht haben, in Kürze in der Heimat zu sein. Ein Aufatmen geht durch das Schiff. Zwar haben wir sie erst vor einem halben Monat verlassen, aber ist uns allen nicht, als lägen Monate dazwischen? So ungeheuer ballt sich das Erleben dieser zwei Wochen in uns zusammen, so stark zittert die Erregung dieser Tage nach, daß das Gefühl für Raum und Zeit völlig verloren gegangen ist. Wer werden die Glücklichen sein, die nach Hause dürfen? Wem wird es vergönnt sein, in diesen schweren Schicksalstagen des Vaterlandes seine Kräfte für die Heimat mit einzusetzen? Oder wird man dazu verurteilt sein, hier oben im kalten Norden Monate, ja vielleicht Jahre ausharren zu müssen, untätig zusehen zu müssen, wie Deutschland seinen Existenzkampf gegen seine mißgünstigen Widersacher führt?

Diese Fragen lassen die Leute nicht mehr los. Fieberhaft sehen sie dem Tag entgegen, der die endgültige Entscheidung bringen wird.

Die Angelegenheit bedarf auch für die Schiffsführung einer sofortigen Klärung. Die Abteilungsvorsteher sind zu einer Besprechung versammelt.

„Wir müssen uns über folgendes klar sein, meine Herren", leite ich die Unterhaltung ein, „auf der einen Seite müssen wir genug Leute behalten, wie es die Sicherheit des Schiffes erfordert. Andererseits müssen wir im Hinblick auf die Verpflegungsschwierigkeiten soviele wie möglich nach Hause schicken. In die Praxis umgesetzt heißt das, daß Sie, Herr Müller, diejenigen Leute dabehalten müssen, die im Notfall für die Inbetriebnahme von zwei Maschinen gebraucht werden. Die insgesamt verbleibende Besatzung wird etwa siebzig Köpfe betragen. Teilen Sie, Herr Rohde, das Küchenpersonal entsprechend ein und lassen Sie auch die notwendigen Leute für die Abwicklung unserer Proviantierungsgeschäfte mit den anderen Schiffen an Bord."

Obersteward Junghans erhält den Auftrag, nur das allernötigste an Stewards zu behalten. Die übrigen Fragen finden mit dem leitenden Ersten Offizier eine schnelle Regelung.

„Ich komme zum Schluß, meine Herren: Bei der Bestimmung derjenigen, die an Bord verbleiben, sollen Alter, Gesundheitszustand, Militärverhältnis und vor allen Dingen die Eignung maßgebend sein. Sie als Abteilungsvorsteher kennen Ihre Mannschaft am besten. Sorgen Sie dafür, daß die richtigen Leute hierbleiben; denn die nächsten Wochen können harte Anforderungen an die physische Widerstandskraft eines jeden stellen."

Seit zwei Tagen schon steht alles sprungbereit, nervös der Minute harrend, in der die beiden Sonderzüge der russischen Regierung endlich ankommen. Am Nachmittag des 18. September ist es so weit. Unter Führung von Warning verlassen unsere Heimataspiranten in unseren Rettungsbooten die „Bremen", kurz darauf seit der denkwürdigen Abfahrt von New York ihren Fuß zum erstenmal wieder an Land setzend. Durch einen primitiven Lagerschuppen, in dem die Zollkontrolle stattfindet, geht es in die bereitstehenden Wagen. Als an diesem Abend die Sonderzüge Murmansk in Richtung Leningrad verlassen, haben tausend Seeleute die Heimreise nach Deutschland angetreten.

Inzwischen, während in Deutschland noch alles in hochsommerlicher Pracht steht, gibt der Winter seine Visitenkarte bei uns ab. Starke, oft tagelang anhaltende Schneeböen hüllen die weite Umgebung in das weißglitzernde Kleid der Natur. Auch die Außentemperatur beginnt bereits unter den Nullpunkt zu sinken. Die Ungewißheit der zukünftigen Wettergestaltung lastet schwer auf mir. Setzt plötzlich ein für deutsche Verhältnisse früher und starker Winter ein, werden die Ölvorräte für Heizung und Licht nur noch bis Ende Oktober reichen. Treten Stürme auf, gegen die mit Maschinenkraft angegangen werden muß, schmilzt der Vorrat noch schneller dahin. Wird es also möglich sein, unseren Ölvorrat rechtzeitig zu ergänzen? Denn für unsere Zwecke können wir beileibe nicht jedes Öl gebrauchen. Aber schon gar nicht können wir riskieren, ohne genügenden Vorrat in den Winter hineinzugehen und bei starkem Sturm, wenn die Anker nicht halten, Gefahr laufen, auf die felsigen Uferklippen geworfen zu werden.

Es muß ein Ausweg gefunden werden. Aber wie? Der Möglichkeiten sind nicht viele. Faßt man die wenigen, die ernsthaft diskutiert werden können, ins Auge, so kann die Entscheidung für eine nur dann getroffen werden, wenn die gewählte Möglichkeit alle Voraussetzungen für ein sicheres Gelingen in sich trägt. Jedes Experiment scheidet von vornherein aus.

Langsam reift ein Gedanke, taucht zunächst nur zaghaft im Unterbewußtsein auf, als schäme er sich überhaupt seines Daseins: du mußt hier raus, mußt nach Hause!

Nun, denken läßt sich manches, aber durchführen? Wieder ist der springende Punkt das Heizöl. Von dieser Erwägung aus ist es schließlich ganz gleich, ob ich hierbleibe oder ob ich mich in die Heimat durchschlage. Jedoch der schlechte, felsige Ankergrund der Bucht ist mir so gar nicht sympathisch, ich habe kein Vertrauen zu ihm. Denn schließlich bin ich nicht hierhergekommen, um das Schiff, nachdem es vor feindlichen Angriffen sicher ist, anderen Gefahren auszusetzen.

Verdammt nochmal, wenn die Ölfrage nicht wäre! Dann käme man schon weiter. Vorläufig aber heißt es wieder einmal warten, auf die Chance warten, die einem möglicherweise ein Zufall vor den Bug spielt.

Und der Zufall spielt! In Gestalt eines deutschen Tankdampfers, der gegen Ende September nach Murmansk kommt. Er hat das, was ich suche! Eine Anfrage in der Heimat bringt mir die Erlaubnis, von ihm das begehrte Öl zu übernehmen. Herrgott, ist das ein herrliches Gefühl, so einen Tankdampfer längsseits zu wissen! Liebkosend umfängt der Blick den dicken Ölschlauch, der sich in unseren Riesenleib bohrt und aus dem wir uns ordentlich vollschleckern.

Wochen gehen ins Land. Ein jeder an Bord hat seine Obliegenheiten, erfüllt sie mit der gleichen Hingabe wie sonst auch. Die Decksbesatzung geht regelmäßig ihre Wachen, ebenso das Maschinenpersonal, dessen Aufgabe es nun ist, für Licht und Heizungsdampf zu sorgen. Ein anderer Teil der Leute ist unablässig mit Ausbesserungsarbeiten beschäftigt. Pinsel und Farbe sind wieder viel begehrte Gegenstände! Auch die Proviantverteilung an die übrigen im Hafen befindlichen deutschen Schiffe bringt Tag für Tag ein gut Teil Arbeit mit sich. So manche Stunde sind unsere Boote unterwegs, unseren Kameraden alles das heranzuschaffen, dessen sie bedürfen. Langeweile? Kein Gedanke! Wir haben alle Hände voll zu tun.

Und doch — — die Monotonie des Lebens im Hafen ist für einen Seemann unterträglich. Er muß hinaus, muß die Gefahren des wogenden Meeres spüren, muß den Leib seines Schiffes durch den weiten Ozean jagen fühlen. Für ihn ist ja das Schiff kein toter Gegenstand aus Eisen, Stahl und Holz, keine Erfindung der Technik, die wie ein seelen=

loses Uhrwerk über die Ozeane rennt, dessen gewaltiger und komplizierter Mechanismus nur zu kalten Überlegungen und Berechnungen Anlaß ist, o nein — der Seemann liebt sein Schiff wie ein lebendes Wesen, ist mit ihm zu einer seelischen Einheit verwachsen, weil er Stunde für Stunde, Minute für Minute dessen befeuernden Pulsschlag spürt. Ihm lebt er, sobald er nur seinen Fuß zum ersten Male auf die schwankenden Planken gesetzt hat, sobald er die Herbheit der salzenen Meeresluft erst einmal richtig in seine Lungen gesogen hat.

Da mag nun der Dienst noch so anstrengend sein, da mag der Tag noch so harte Anforderungen stellen, die Anspannung kann nicht hinwegtäuschen über das eine Große, das nun doch einmal fehlt: der Odem der See. Diese ungewohnte, unheimliche Ruhe im Schiff lastet auf allen mit der Düsterkeit einer Friedhofsstimmung. Wir müssen ihr begegnen, müssen sie niederkämpfen wie einen Gegner, der uns an die Kehle will. Ablenkung, Unterhaltung ist das einzige Mittel, das Erfolg verspricht. Wer Freizeit hat, darf nicht sich selbst überlassen sein, darf nicht seinen eigenen Gedanken nachhängen, darf nicht das Gefühl in sich aufkommen lassen, als sei er nun dazu verurteilt, den Existenzkampf des Vaterlandes in einem abgeschiedenen Winkel abzuwarten, wo sich die Füchse gute Nacht sagen.

Ähnlich sieht es bei den Besatzungen der übrigen großen deutschen Passagierdampfer aus, die in Murmansk Zuflucht gesucht haben. Lange Überlegungen? Sie sind nicht eines Seemanns Art! Wozu haben wir unser Bordkino? Wozu einen Bestand an Filmen, der sich sehen lassen kann im wahrsten Sinne des Wortes? Wenn er es vermocht hat, den ungeteilten Beifall unserer Passagiere zu finden, so ist er jetzt gerade gut genug, unseren Männern Entspannung und Anregung zu vermitteln.

Schnell ist mit unseren Kameraden von den übrigen Schiffen die Verbindung hergestellt. Wer zu den Zeitpunkten der Filmvorführungen frei ist, wird mit unseren Booten abgeholt und ist Gast an Bord des veranstaltenden Schiffes. Zweimal wöchentlich steigt so eine Filmveranstaltung. Stets macht ein anderes Schiff den Gastgeber, die „Bremen" eröffnet den Reigen.

Unser Verkehr mit den Russen war von vornherein von einer Höflichkeit, die einer gewissen verhaltenen Herzlichkeit nicht entbehrte. Nachdem die an Bord verbliebene Besatzung endlich ihre Landgangspässe erhalten hatte, war auch auf unserer Seite die letzte Möglichkeit einer Differenz geschwunden. Die ständige Fühlungnahme, die Tag für Tag mit den russischen Behörden aus einer Reihe von Notwendigkeiten heraus erforderlich war, schuf mit der Zeit natürlicherweise eine Atmosphäre besten Einvernehmens. So bemühten sich denn die Russen nicht nur, unsere Belange rein sachlicher Art zu befriedigen, sie überraschten die deutschen Seeleute eines Tages sogar mit einer besonderen Freudenbotschaft: aus Leningrad wird ein Lehrer eines dortigen Volks-Klubhauses nach Murmansk kommen, eigens zu dem Zweck, künstlerische Veranstaltungen an Bord der deutschen Schiffe in Szene zu setzen.

Das ist so recht nach dem Herzen unserer Jan Maaten! Mit offenen Armen wird der Ankömmling aufgenommen. Und was er serviert, ist in der Tat getragen von dem Bestreben, Wertvolles zu bieten und nachhaltige Eindrücke zu vermitteln von der Kunst des heutigen Rußlands.

Im Mittelpunkt des ersten „Bunten Nachmittags", der unter der Leitung des Leningraders vonstatten geht, steht der erste Teil des Films „Peter der Große". Ein gewaltiges geschichtliches Dokument rollt vor uns ab, einen jeden unwiderstehlich in seinen Bann ziehend. Von imposanter Eindringlichkeit die Massenszenen der Seeschlacht, von überwältigender Schönheit und Klarheit die Gedanken, denen das Werk Ausdruck verleiht. Ergriffenheit spiegeln die Züge der Zuschauer wider, als die letzte Szene verklungen ist.

Wie reichhaltig, aber auch wie wundersam abgetönt ist doch das, was die Russen uns weiter bieten. Volkslieder, Nationaltänze und russische Weisen nehmen uns gefangen, reißen uns zu stürmischen Beifallskundgebungen hin: Otersen, mein Dolmetscher, waltet auch hier vorzüglich seines Amtes. Vor jedem Lied erklärt er kurz den Inhalt und trägt damit wesentlich zum Verständnis des Vortrages bei.

Eines Tages laden uns die Russen in das Klubhaus für die ausländischen Seeleute ein. Und wieder setzten sie uns und unseren Kameraden von den übrigen deutschen Schiffen ein Programm vor, das unser helles Entzücken findet. Unsere Jungens haben sich aber auch in Schale geworfen! Es ist eine Freude zu sehen, wie pikfein sie sich gemacht haben, wie es ihr größter Stolz ist, Eindruck zu machen. Sie tun es ja nicht für sich! Das, was da in den ersten Abendstunden jenes Tages geschlossen an Land geht, ist ein Stück Deutschlands, jenes Deutschlands, das auch dem Seemann wieder seinen ehrenvollen Platz unter den Schaffenden der Nation einräumte, das in ihm den Repräsentanten des ganzen Volkes in fremden Ländern sieht. Sich dieser Ehre aufs höchste würdig zu erweisen, ist, das spürt man hier ganz deutlich, der einzige Gedanke der Besatzungen.

An diesem Abend ist die Fühlung schnell hergestellt. Die offiziellen Darbietungen sind vorüber. Die Künstlerschar sitzt längst mitten unter uns. Da hebt erst ein leises Summen an, wird stärker und stärker, bis es mit einem Male mächtig brausend im Raume steht. Ein russisches Volkslied singt sich in unsere Herzen. Was wir in der Zeit nach dem großen Kriege so manches Mal in der Heimat als kabarettistische Attraktion erlebt haben, das erwächst jetzt in seiner unmittelbaren Urwüchsigkeit vor uns: die unergründliche Seele des russischen Volkes, dieses undefinierbar Sehnsuchtsvolle und Ergreifende seiner Lieder.

Still, andächtig lauschen wir dem Gesang. Sollen wir uns schämen, zu gestehen, daß manche Träne unsere Wangen netzt, daß es uns ans Herz greift wie Kindern in ihrem ersten großen Seelenschmerz? Wolgalied, niemals habe ich dich so weihevoll empfunden, hat die tiefe Tragik deiner Worte mich so erschütternd gepackt wie an diesem grauen, kalten Novemberabend, da draußen der Winter grausam und unerbittlich an die Tür pochte. Und wie wirst du, geliebte Heimat, vor meinen Augen lebendig, wie wird die Sehnsucht nach dir, meinem Deutschland, übermächtig in mir, als deutsche Seeleute nun anheben, deiner in herrlichen Liedern zu gedenken. Wie sind auch unsere russischen Freunde gebannt von den ergreifenden Melodien, die in der Fremde so gläubig und voller Hingabe erklingen!

Das sind Augenblicke, unvergeßlich und unwiederbringlich. Mit einem Schlage wechselt die Stimmung. Irgendeiner der Russen stimmt ein lustiges Lied an, springt auf den Tisch und tanzt, dreht sich in tollem Wirbel, die ganze Gesellschaft wie durch Zauberwort mit sich fortreißend. Wie im Fluge vergehen die Stunden! Mitternacht ist längst vorüber. Ich muß zum Aufbruch mahnen. Sieben Seemeilen hat mancher von uns mit dem Boot noch hinter sich zu bringen, bis er an Bord ist und sich in der Koje in seligen Träumen wiegen kann.

An einem Sonnabendabend ist die Reihe an der „St. Louis", den Rahmen für eine solche Veranstaltung abzugeben. Pünktlich um sechs Uhr ist von den deutschen Schiffen alles zur Stelle, was sich nur irgendwie hat freimachen können. Die Freude der Erwartung durchzittert den Saal. Was werden die Artisten darbieten, womit werden sie uns heute wieder überraschen? Wünsche, Vermutungen werden laut. Die Stunde des Beginns ist herangekommen. Aber niemand von den Künstlern ist zur Stelle. Je weiter auch der Uhrzeiger vorrückt, immer noch läßt sich kein Mensch blicken. Was ist da los? Die Russen pflegen doch sonst sehr pünktlich zu sein! Ist ihnen unterwegs etwas zugestoßen? Müssen wir damit rechnen, jeden Augenblick eine Hiobsbotschaft zu empfangen?

Da endlich kommt das Motorboot; aber es ist leer.

„Kriegsgefahr mit Finnland. Es wird niemand mehr hereingelassen. Die Artisten mußten umkehren", meldet aufgeregt der Führer des Bootes.

Kriegsgefahr mit Finnland? So überraschend kommt uns diese Mitteilung nicht. Denn wir hatten während der letzten Tage unsere Beobachtungen gemacht. Infolgedessen fühlen wir uns auch kaum sonderlich gestört. Der zweite Teil des Films „Peter der Große" steigt unter dem begeisterten Beifall der Zuschauer.

Gegen 9½ Uhr wechseln wir hinüber ins Rauchzimmer.

Da überbringt einer der Offiziere der „St. Louis" dem Kapitän eine Mitteilung.

„Krieg zwischen Rußland und Finnland", gibt er uns bekannt. „Alles sofort abblenden. Kein Lichtschein darf nach außen dringen."

Offizierswache auf der Seitenbrücke

Das Gespensterschiff im Nebel

Die Küste von Murmansk kommt in Sicht

Die ersten deutschen Vorpostenschiffe

**Heimkehr der „Bremen":**

Am 10. Dezember 1939, drei Monate nach ihrer abenteuerlichen Fahrt von New York nach der Kola-Bucht, verließ die „Bremen" den sowjetischen Hafen Murmansk und wagte einen Durchbruch in Richtung Heimat. Auch diese letzte Fahrt des deutschen Schiffes, die 30 Seemeilen an der norwegischen Küste entlangführte, gelang. Am 13. Dezember lief das Schiff in die Wesermündung ein (Unser Bild). Heute liegt sie als ausgebranntes Wrack auf dem Grunde der Weser. Sie fiel der brandstiftenden Hand eines kaum Sechzehnjährigen am 16. März 1941 zum Opfer. Er wollte sich an einem Matrosen der „Bremen", der ihn geohrfeigt hatte, rächen.  Aufnahmen Tschira-Interphot

Schnell greift alles zu, um den Befehl auszuführen. Wenige Minuten später kündet auch nicht ein einziges Licht mehr, daß hier ein großer deutscher Passagierdampfer seinen Liegeplatz hat.

„Ja, die Geschichte war vorauszusehen", meine ich zu meinem Kollegen von der „St. Louis".

Er zuckt die Achseln.

„Sind schlecht beraten, die Finnen, daß sie es so weit haben kommen lassen."

Im übrigen nehmen wir die Angelegenheit nicht weiter tragisch. Aber wir wundern uns nicht schlecht, als wenige Tage nach Eröffnung der Feindseligkeiten die Nachricht durch den Äther geht, finnische Flieger hätten sechzig russische Flugzeuge in Murmansk vernichtet. So sehr wir auch grübeln, unser armes Hirn förmlich zermartern, wir können uns beim besten Willen nicht entsinnen, jemals etwas davon gesehen oder auch nur gehört zu haben...

Der Gedanke an eine Rückkehr in die Heimat nimmt mehr und mehr von mir Besitz. Sollen wir einen beträchtlichen Teil unseres kostbaren Öls tatsächlich darauf verwenden, hier gegen den Sturm anzuschippern? Wird es nicht viel zweckmäßiger und sinnvoller verwandt für den etwa 1600 Seemeilen betragenden Weg nach Deutschland? Und selbst wenn diese Frage eine bedingungslose Bejahung findet, so bleibt noch so vieles, das wohlüberlegt und einwandfrei geklärt werden muß. Ja, wären wir nicht ein solcher Riese, wir könnten unseren Weg durch die norwegischen Schären nehmen und den Engländern mit tödlicher Sicherheit noch einmal durch die Latten gehen. Aber der „Bremen" ist dieser sichere Kurs versperrt. Sie muß außen herum durch den Atlantik in die Nordsee. Leider! Nicht, daß die blödsinnige, nerventötende Warterei der letzten Monate uns etwa gelehrt hätte, Gefahren zu fürchten! Sie waren auf unserer Reise von New York nach hier weiß Gott nicht dünn gesät.

Wenn man nur bestimmt wüßte, ob die Engländer eine Sperrzone zwischen den Shetlands und der norwegischen Küste haben? Da die Entfernung zwischen den beiden Punkten kaum mehr als 200 Seemeilen beträgt, ist damit als absolut sicher zu rechnen. Jedenfalls tut man gut, sich so einzurichten, eine solche Sperrzone in dunkler Nacht zu durchbrechen.

Da tauchen aber noch andere Fragen auf: welche Routen benutzen jetzt die von Norwegen und Südschweden nach England bestimmten Schiffe? Wird ihr Verkehr jetzt nicht besonders stark sein? England braucht Erze in größter Menge und setzt ohne Frage umfangreiche Tonnage zur Bewältigung der Anforderungen ein. Und von diesen Frachtern verpfiffen zu werden, paßt nicht im geringsten in unser Programm.

Der Gedanken sind noch viele, aber der Chancen nicht weniger! Wir haben schon einmal einen großen Einsatz gewagt und haben gewonnen. Der Weg von hier nach Hause beträgt nicht einmal die Hälfte desjenigen von New York nach Murmansk. Haben wir nur einigermaßen Glück, holen wir aus unseren vier Maschinen alles heraus, was drinsitzt, so können wir in zweieinhalb bis drei Tagen in Deutschland sein.

Deutschland — Heimat! Die Sehnsucht nach dir ist übermächtig! Wir müssen hier heraus, müssen unser schönes Schiff dort hinbringen, von wo aus es seine nahezu 190 Rundreisen über den Ozean angetreten hat seit jenem Sommertag des Jahres 1929, an dem es zu seiner Jungfernfahrt nach New York ausfuhr und auf dieser ersten Reise das

„Blaue Band" erobern konnte. Es war einer der stolzesten Beweise seines Seegeltungswillens, dem das deutsche Volk damit Ausdruck gab.

An einem kühlen, regnerischen Sommertag des Jahres 1928 lief auf der Aktien-Gesellschaft „Weser" in Bremen unser Schiff nach seiner Taufe durch den Reichspräsidenten von Hindenburg glücklich vom Stapel, begleitet von den begeisterten Jubelrufen und Segenswünschen einer nach Zehntausenden zählenden Menschenmenge, die das weite Werftgelände und die Ufer der Weser Kopf an Kopf besetzt hielt. Knapp ein Jahr später hatte der Ozeanriese seine Ausstattung erfahren, konnte er der Welt Deutschlands Willen demonstrieren, trotz des erdrückenden Versailler Schanddiktats jenen Platz auf dem Meere einzunehmen, der seinem Können und seinem Wagemut entsprach. Es ist auch mit der stolzen Tradition unserer „Bremen" einfach nicht vereinbar, jetzt die Hände in den Schoß zu legen, untätig abzuwarten, was sich da nun ereignen wird.

Wir sollten froh sein, daß wir uns in Sicherheit befinden, vor feindlichen Zugriffen geschützt sind? Ach du lieber Gott! „Gefahr" ist für den deutschen Seemann von jeher ein Fremdwort gewesen, und es gewinnt auch nicht an Bedeutung, wenn zu den Tücken von Wasser und Stürmen nun auch noch der Geruch von Pulver tritt!

Irgendwie sind wir hier in Murmansk eben doch nicht zu Hause, irgendwie fühlen wir uns fremd, verlassen. Gewiß, wir stehen nichts aus! Die Russen bemühen sich mit größter Aufmerksamkeit um uns. Aber für einen langen Aufenthalt fehlt jenes Milieu, das in uns das Gefühl des Heimischseins aufkommen ließe. Zudem — was wird der Winter bringen, was wird er unserem Schiff an seinem Ankerplatz alles zumuten? Das ist der springende Punkt. Murmansk oder Bremerhaven — das ist die Frage!

Die Überlegungen verdichten sich, nehmen immer festere Formen an, je mehr sie ein Gelingen des Planes versprechen. Diese Warterei, dieses Nichtwissen, wann hier wieder wegzukommen, geht auf die Nerven. Lieber noch einmal aufs Ganze gehen! Und außerdem: wir vertrauen noch mehr als zuvor auf unseren guten Stern!

Kurz entschlossen halte ich Rückfrage in der Heimat. Abermals bange, bange Tage des Wartens. Da kommt endlich die erlösende Antwort: Einverstanden! Ich habe freie Hand. —

### Erlöst! Es geht heim.

Die Tage sind schnell kürzer geworden. Seit dem 24. November kommt die Sonne nicht mehr über die Berge. Grau in Grau dämmern die halbdunklen Tage herauf und verlöschen wieder, ohne das Bewußtsein der Helle überhaupt aufkommen zu lassen.

Ein solcher Tag ist auch der 6. Dezember. In der Heimat feiern sie Nikolaus. Wir, die wir hier im Norden tausende von Kilometern von ihr entfernt sind, werden auch beschert. Ja, was da zu uns an Bord kommt, ist ein Geschenk des Himmels! In früher Morgenstunde dümpelt ein russischer Marineschlepper längsseits. Stockdunkel ist es auf dem breiten Wasser um uns herum. Plötzlich steht Warning vor mir und meldet:

„Transport mit 57 Mann aus der Heimat!"

Ein langer, herzlicher Händedruck ist Dank und Anerkennung für diesen tapferen Mann, der auch bei dem jetzigen Vorhaben ein zuverlässiger und treuer Helfer sein will.

„Gott sei Dank, daß Sie da sind! Wer hätte im September, als Sie nach Deutschland fuhren, gedacht, daß wir uns hier wiedersehen würden?"

„Wieso, Herr Kommodore? Die Rundreise Bremen—New York—Bremen ist noch nicht beendet: ein schlechter Seemann, der unterwegs aussteigt", scherzt mein leitender Erster.

Das ist Warning, wie er leibt und lebt. Seinen Transport hat er im September glücklich in der Heimat abgeliefert, hat sich, ohne sich einer wohlverdienten Ausspannung hinzugeben, sofort dem Vaterlande zur Verfügung gestellt und ist jetzt hierher geeilt, um wieder mit dabei zu sein. In aller Heimlichkeit sind die zuverlässigsten und brauchbarsten Leute für dieses Unternehmen ausgesucht worden, ohne daß ihnen zunächst gesagt wurde, wohin die Reise geht. Der Gefahr, daß auch nur die geringste Kleinigkeit durchsickert, ist von vornherein begegnet worden. Erst an Bord erfahren sie Sonntagabend die Wahrheit.

Von der Besatzung darf niemand mehr an Land. Die Post wird von mir zensiert. Nichts darf auch nur andeutungsweise von dem in die Öffentlichkeit dringen, was hier gespielt wird. Auf russischer Seite sind nur Zoll- und Hafenbehörde eingeweiht.

Endlich gehen auch die letzten Tage der öden Warterei in Murmansk zu Ende. Kurz nach dem Abendessen ist am Sonntag, also wenige Stunden vor der Abfahrt, die Besatzung versammelt.

„Kameraden! Alte und neue! Ich freue mich, viele Gesichter wieder um mich zu sehen, die einige Monate nicht bei uns waren. Die neuen, die noch nicht auf der ‚Bremen' Dienst getan haben, heiße ich ebenfalls herzlich willkommen. Wir sind nun nicht mehr so allein. Unsere schöne

‚Bremen' sollte schon einige Male auf Wunsch der Russen verholt werden, und zwar nach einer Bucht, die gut zwanzig Meilen von hier entfernt liegt. Bislang haben wir uns darüber nicht einigen können. Jetzt aber ist es soweit. Wir verholen — aber nicht an einen anderen russischen Platz, sondern in die Deutsche Bucht!"

Ein Orkan der Begeisterung bricht los. Minutenlang muß ich innehalten, bevor ich weitersprechen kann.

„Ihr wißt jetzt, weshalb ihr nach hier gekommen seid. Eine Aufgabe liegt vor uns, wie sie ehrenvoller und stolzer nicht sein kann. Sie erfordert den ganzen Mann. Mit 124 Leuten müssen wir auf der Heimfahrt das leisten, was wir sonst mit vielen Hunderten vollbracht haben. Ich brauche nicht viel Worte hierüber zu verlieren. Ihr alle wißt, was das heißt und was ich infolgedessen von euch verlangen muß. Heute nacht um zwei Uhr geht's los! Was ich euch schon in New York sagte, davon bin ich auch heute noch felsenfest überzeugt: Wir kommen durch!"

Sind schon während der letzten Tage Vervollständigungen an unserem grauen Schutzkleid vorgenommen worden, wurde vor allem der verräterische weiße Strich über der Wasserlinie beseitigt, wurden weiter inzwischen schadhaft gewordene Stellen ausgebessert, so wird in diesen letzten Stunden bezüglich der Sicherheit der Besatzung genau das gleiche getan, wie am Tage des Kriegsausbruches. Wieder wird ein Teil der Rettungsboote mit Proviant ausgerüstet, und abermals wird erneut alles für eine etwa erforderlich werdende Versenkung der „Bremen" vorbereitet.

Endlich ist die Abfahrtsstunde herangekommen. Der kleine russische Marineschlepper, der uns durch die russische Minensperre geleiten soll, ist eingetroffen, tief unter uns nur in seinen Umrissen erkennbar. Tiefste Finsternis herrscht um die Abschiedsstunde, dichtes Schneegestöber hüllt uns ein. Behutsam werden die Anker aufgehievt, langsam der Riese herumgedreht, bis er mit der Nase in Richtung See liegt. Wieder ist das Schiff völlig abgeblendet. Auch Positionslichter werden nicht gezeigt. Wie ein mammutartiges, graues Gespenst schleichen wir aus dem Hafen von Murmansk, lautlos wie ein Dieb, der jeden Augenblick fürchten muß, ergriffen zu werden. Denn wir sind ja nicht allein. Die ausländischen Schiffe, die wir bei der Fahrt aus dem Hafen passieren müssen, dürfen uns auf keinen Fall bemerken; denn dann wäre nicht nur unser Unternehmen zum Scheitern verurteilt, es würde auch weit gefahrvoller sein, während der Dauer des Krieges hier herauszukommen. Hell wird es erst am nächsten Mittag gegen elf Uhr. Dann mögen sich die andern verwundert die Augen reiben und sich über unseren Verbleib den Kopf zerbrechen. Die zehn Stunden Vorsprung, die wir haben, reichen ohne weiteres aus, einen Verrat zur Erfolglosigkeit zu verurteilen.

So stehlen wir uns hinaus, frohlockend über Dunkelheit und Schneetreiben.

Meter um Meter gleiten wir langsam dahin, nichts sehend, als die weiße, flimmernde, flockige Wand, die sich vor uns, neben uns und hinter uns in wirbelndem Tanz herniedersenkt. So undurchdringlich ist sie, daß wir von unserem Begleitschlepper schon nichts mehr wahrnehmen. Wir wissen lediglich: er dampft vor uns und wird nicht eher zurückbleiben, als bis wir das offene Meer gewonnen haben. Keine Bange, die ausländischen Schiffe bemerken uns auf keinen Fall bei diesem Wetter! Denn auch wir können sie ja nicht ausmachen, und diese Tatsache ist immerhin ein recht zuverlässiger Gradmesser.

Aber knappe 1500 Meter vom Ankerplatz wird der Schnee so dicht, daß ein Weiterfahren nicht riskiert werden kann. Dick klebt er an den Fenstern der Brücke, sie völlig undurchsichtig machend. Die Schiffe, an denen wir noch vorüber müssen und die Klippen der Küste sind trotz aller Anstrengung nicht mehr zu erkennen. Wenn nur nicht die Ankerkette mit lautem, verräterischem Gepolter durch die Klüse rasseln wollte! So langsam und leise wie nur möglich wird der Anker ins Wasser und auf den Grund gebracht.

So ein Sauwetter! Wenn wir nun nicht hier wegkommen, ist morgen früh alles verraten. Dann ist ein neuer Versuch, wegzukommen, zwar nicht völlig zur Aussichtslosigkeit verurteilt, aber immerhin müßte er unter weitaus schwierigeren Verhältnissen unternommen werden, weil die Engländer alsdann sehr wahrscheinlich von unserem Vorhaben unterrichtet wären. Heute aber können wir sicher sein, sie haben keine Ahnung davon, daß wir abermals im Begriff sind, ihnen ein Schnippchen zu schlagen. Vielleicht huldigen sie sogar der Auffassung, daß wir heilfroh sind, das Schiff ihrem Zugriff entzogen zu haben.

Warning tritt nervös von einem Bein auf das andere.

„Wird wohl bald besser werden", versucht er mich zu trösten, ohne wohl selbst recht an seine Worte zu glauben. „Scheint ja böig zu sein, und das ist immer ein gutes Zeichen."

„Hoffentlich behalten Sie recht mit Ihrem Optimismus", erwidere ich ärgerlich.

Eine halbe Stunde verrinnt, noch immer wirbeln die Flocken in kaum vorstellbarer Dichte. Längst hat das ganze Schiff über und über ein weißes Kleid angezogen. Das kann uns nur lieb sein, hebt es sich doch von dem Weiß des

Landes nun überhaupt nicht mehr ab. Und noch eine halbe Stunde geht langsam, nervenzermürbend dahin.

„Herr Kommodore, es wird hell im Westen, die Bö muß gleich vorüber sein", unterbricht Warning da die Stille.

Mechanisch richte ich den Blick in die angegebene Himmelsrichtung.

„Sie haben recht behalten, Herr Warning. Klar zum Ankerhieven!"

Der kleine Marineschlepper erhält Signal, daß wir weiterfahren wollen. Wenig später sind die letzten Schiffe passiert. Da setzen wieder schwere Böen ein, jedoch bilden sie kein ernstliches Hindernis mehr. Wohl müssen wir noch einige Male für kurze Zeit stoppen, aber das breite Wasser erhöht unsere Sicherheit.

Gegen sieben Uhr haben wir den Kola-Fjord hinter uns gebracht, nunmehr in die Kola-Bucht einfahrend. Je näher wir der See kommen, desto mehr läßt der Schneefall nach, bis er schließlich gänzlich aufhört. Mit Rücksicht auf den Marineschlepper können wir nicht mehr als neun Seemeilen laufen. Und dabei haben wir es doch so eilig, um noch vor Tagesanbruch von der Küste wegzukommen!

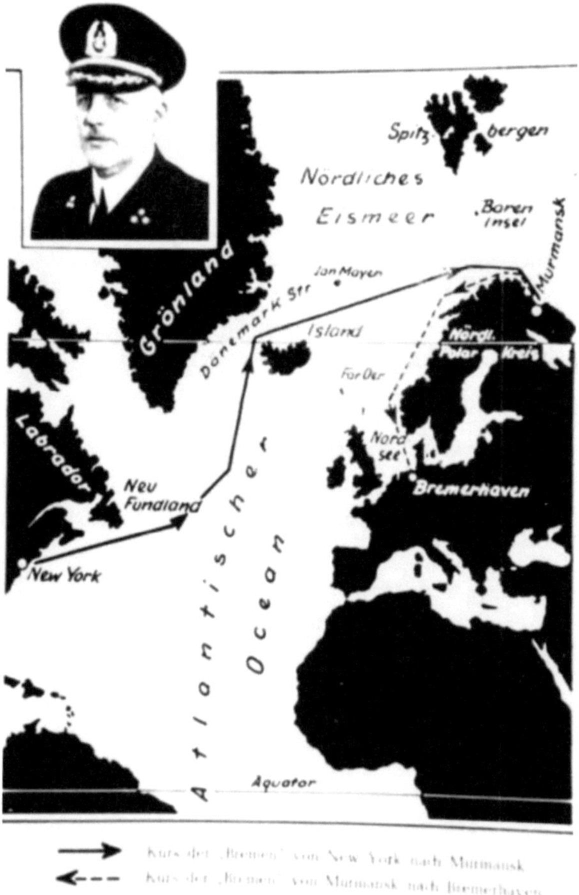

→ Kurs der „Bremen" von New York nach Murmansk
←--- Kurs der „Bremen" von Murmansk nach Bremerhaven

## V.
## Wir verholen – in die Deutsche Bucht

### Mit Volldampf durch den Atlantik.

Wir atmen auf, als gegen neuneinhalb Uhr das offene Meer endlich erreicht ist.

"Alles voll voraus, was raus will!" gebe ich das Kommando in die Maschine.

Schneller und schneller mahlen die Schrauben durch das Wasser. Immer größer wird die Geschwindigkeit, mit der wir dahinpreschen, bis nach einer kleinen halben Stunde die höchste Fahrtstufe erreicht ist. Mit Kurs rechtweisend Nord geht der Weg von der russischen Küste, um so schnell wie möglich von der Küstenschiffahrt freizukommen. Erst bei einem Abstand von 45 Seemeilen wird der Kurs parallel zur Küste gelegt. Hin und wieder sichten wir Fischdampfer am Horizont, aber wir sind auf der Hut, weichen rechtzeitig aus.

Gottlob, um drei Uhr nachmittags wird es bereits wieder dunkel. Diese finsteren, langen Polarnächte sind so recht nach unserem Herzen. Dank ihrer Hilfe können wir den Abstand von der Küste vermindern, um durch das Sichten der Feuer unsere genaue Position festzustellen, ganz zu schweigen davon, daß unser Umweg dadurch beträchtlich verkürzt wird.

Mit höchster Fahrt umranden wir das Nordkap. Dunkel und regnerisch die Nacht, kein Schiff weit und breit. In gewissen Abständen scheinen die Leuchtfeuer von der Küste herüber, uns den Weg in die geliebte Heimat weisend. In der Frühe gegen 1.40 Uhr wird am Montag das Leuchtfeuer von Anda mit gut 22 Seemeilen Abstand passiert. Es ist das letzte, das uns bis zur nächsten Nacht zu Gesicht kommt.

Langsam kommen wir weiter von der Küste ab. Bei Tagesanbruch, der hier etwa gegen neuneinhalb Uhr erfolgt, müssen wir nach Möglichkeit außerhalb der Fischbänke der Lofoten und der Westermans sein.

„Wollen ruhig so weiterlaufen, Herr Wachtel", gebe ich dem Navigations-Offizier Anweisung. „Kann nicht schaden, wenn wir kleine hundert Meilen Abstand von der Küste bekommen. Mit englischen Wachtfahrzeugen, die den Verkehr vom Atlantik in die norwegischen Schären kontrollieren, ist dicht unter Land sicher zu rechnen."

„Und wenn so ein Bürschchen zum Überfluß noch ein Aufklärungsflugzeug an Bord hat, sieht es um so fauler für uns aus."

„Bedenken Sie aber auch, Herr Wachtel, daß wir auf keinen Fall zu weit in den Atlantik kommen dürfen. Drei Stunden haben wir schon im Kola-Fjord durch das Ankern und die geringe Geschwindigkeit des Russen verloren. Es geht kein Weg daran vorbei: zur festgesetzten Nachtstunde müssen wir die englische Sperrlinie zwischen den Shetland-Inseln und Norwegen durchbrechen."

Grau und regnerisch dämmert der Morgen herauf. Die See ist ziemlich grob, aus Südwest läuft eine mäßige Dünung, in der das Schiff leicht stampft. In pfeilschneller Fahrt jagt die „Bremen" durch den Atlantik. Trotz der reduzierten Besatzung sind um das ganze Schiff herum wieder besondere Ausguckposten aufgestellt. Aber auch von der Brücke suchen unsere Gläser wie Luchsaugen die weite Wasserfläche ab, jeden Augenblick gewärtig, eine unliebsame Entdeckung zu machen.

Minute um Minute, Stunde um Stunde geht so dahin. Nichts um uns herum ist zu bemerken. Keine Rauchfahne, keine Masten, keine Schornsteine zeigen sich an der Kimm, zwingen uns zum Ausweichen. Wir sind glücklich darüber. Denn je länger das so geht, desto weniger werden die Umwege.

### Die englische Sperrzone durchbrochen.

Meile um Meile rücken wir der englischen Sperrlinie näher. In den Nachmittagsstunden, als die erste leichte Dämmerung herniedersinkt, wird der Regen stärker, die Sicht verschlechtert sich bedeutend. Um vier Uhr ist es bereits dunkel. Ein Glück, denn so können wir uns unbemerkt an die Gefahrenzone, die wir während der Nacht durchbrechen wollen, heranpirschen.

Immer schwerer, immer undurchdringlicher senkt sich die Dunkelheit hernieder. Die erste Nacht nach der Abfahrt von New York steht mir vor Augen. War es auch da nicht so, daß uns die Nacht in ihr schützendes Kleid der Finsternis hüllte und uns sicher und ungesehen hinaustrug in den offenen Atlantik? Unwillkürlich drängt sich dieser Vergleich auf. Mit hoffendem, gläubigen Herzen vermeint man eine Parallele zu sehen, ein untrügliches Vorzeichen für einen glückhaften Ausgang auch dieser Fahrt.

„Kleine 600 Meilen haben wir noch vor uns, Herr Warning, also keine Tagesleistung mehr unter normalen Verhältnissen."

„Aber das dicke Ende kommt erst heute nacht. Und was uns morgen früh die Nordsee noch beschert, wissen wir auch noch nicht."

„Davor ist mir nicht bange. Unsere Kriegsmarine wird die Nordsee inzwischen gründlich ausgefegt haben. Wenn wir schon da Kriegsschiffe treffen, werden es deutsche sein."

„Wüßte man nur, wo sich die englischen Sperrfahrzeuge herumtreiben!"

„In der Nähe der norwegischen Küste liegen sie zweifellos zahlreicher als draußen, weil sie damit rechnen, daß wir aus Sicherheitsgründen dicht an den Hoheitsgewässern entlangschippern."

„Na, da können sie ja lange warten. Unsere 40 Meilen Abstand von der Küste sind bestimmt ein größerer Sicherheitsfaktor als Hoheitsgewässer, die der Engländer im Falle eines Falles unter Umständen verletzt."

Und weiter verrinnt eine Stunde nach der andern. Wie ein grauer, gespenstischer Schatten rast die „Bremen" durch die Dunkelheit. Unablässig, nimmer ermüdend bohren sich die Augen der Ausguckposten in das tiefe Schwarz des Abends.

„Feuer an Backbord voraus", zerschneidet unvermittelt die Stimme des Ausgucks die Stille.

Gleich darauf nimmt auch die Brücke das Feuer wahr.

„Steuerbord das Ruder!" ergeht sofort der Befehl an den Rudersmann.

Lautlos schwenkt die „Bremen" ab und läuft in großem Bogen um den Querläufer herum, der sich augenscheinlich auf der Fahrt von Norwegen nach Schottland befindet. Gott sei Dank, er hat uns nicht bemerkt. Unser graues Schutzkleid bewährt sich trefflich.

Mittlerweile ist die dritte Morgenstunde angebrochen.

„Sind jetzt mitten in der Sperrzone, Herr Warning. Bald werden wir ungefähr wissen, wer das Rennen macht."

„Setze nach wie vor auf Sieg, Herr Kommodore", erwidert Warning, ohne auch nur eine Sekunde das Glas von den Augen zu nehmen.

Mit allem, was unsere Maschinen nur hergeben, preschen wir dahin. Mehr als 27 Seemeilen holen wir heraus. Im Maschinenraum überwacht der leitende Ingenieur mit doppelten Wachen den Betrieb. Ein einziger Versager, und wir sind aufgeschmissen! Angespannt bis zum äußersten, jedoch mit einer unheimlichen inneren Ruhe, wie sie nur der unbedingte Glauben an ein Gelingen zu vermitteln vermag, beobachten die Männer die Kontrollinstrumente. Suchend, prüfend gleiten die Augen über die Skalen, sorgfältig darauf bedacht, die kleinste Unregelmäßigkeit unverzüglich wahrzunehmen und auszuschalten. Aber alles geht wie am Schnürchen. Ohne Murren halten sie dieses Höllentempo durch, unsere Maschinen, als hätten sie nur darauf gewartet, wieder einmal zeigen zu können, was in ihnen steckt.

Auch auf der Brücke herrscht Hochspannung. Stunde um Stunde schon suchen die wachhabenden Offiziere die Umgebung mit den Gläsern ab. Selbstverständlich, daß hier ebenfalls doppelte Wache gegangen wird. Vier Augen sehen eben mehr als zwei! Und daß wir alles sehen, aber selbst nicht gesehen werden, darauf kommt es einzig und allein an.

Um die vierte Morgenstunde sind wir nur wenig mehr als zwanzig Meilen von der Küste ab, um mit Hilfe des Leuchtfeuers von Utsire noch einmal unsere genaue Position zu ermitteln. Sechs Strich an Backbord taucht das Feuer auf.

Im Navigationsraum werden jetzt die Kurse, die uns das sichere Ansteuern der Minenfelder in der Deutschen Bucht ermöglichen sollen, mit peinlicher Sorgfalt in die Karte eingesetzt.

Unter Land herrscht ziemlich reger Schiffsverkehr. Die zahlreichen Lichter, die an der Kimm auszumachen sind, lassen keinen anderen Schluß zu. Wir können es uns leisten, sie mit aller Ruhe zu beobachten, da ihre Träger offensichtlich unter der Küste entlanglaufen.

Da blitzt unvermittelt ein Scheinwerfer durch das Dunkel, beleuchtet taghell die erwähnten Fahrzeuge. Kein Zweifel, ein Engländer!

„Befehl an die Ausgucks achtern: schärfstens Obacht geben, ob feindliches Schiff von hinten aufkommt!" lasse ich durchgeben.

Hat er uns gesehen? Versucht er, sich die Dunkelheit zunutze zu machen und aufzulaufen, um uns dann anzukeilen? Das ist die Frage, die uns für die nächste Stunde nicht losläßt.

„Kann mir eigentlich nicht denken, daß er uns gesehen hat", bemerkt Zöpf, einer der Ersten Offiziere. „Schließlich sind wir mindestens zehn Seemeilen voneinander entfernt. Außerdem fahren wir völlig abgeblendet."

„Müßte tatsächlich ein dusseliger Zufall sein; denn bei dieser Sicht sind wir höchstens auf zwei Seemeilen auszumachen", stimmt einer der Wachhabenden bei.

Unser graues Kleid läßt uns eher nach einem englischen Hilfskreuzer aussehen, als nach einem deutschen Handelsschiff. Und schon gar nicht kann man annehmen, daß dieser graue Koloß die „Bremen" ist, die hier in rasender Fahrt ihren Weg in die Heimat nimmt, unbekümmert hindurchjagt durch die englische Sperrzone, deren Maschinen unablässig auf vollen Touren laufen und deren Schrauben in tollem Wirbel die Wasser pflügen.

Die Ausguckposten lassen die Gläser nicht von den Augen. Alle Sinne sind aufs höchste angespannt, unentwegt geht der Blick in jene Richtung, in der vor wenigen Augenblicken der gefürchtete Scheinwerfer grell durch die Nacht blitzte. Wird er seinen Lichtkegel noch einmal aufleuchten, ihn suchend über das Wasser gleiten lassen? Wird sein tagheller Schein dann die gespenstischen Umrisse der „Bremen" fassen und sie suchend abtasten? Wird er Verdacht schöpfen und uns anfunken, Namen des Schiffes und Bestimmung erfragen? Dann heißt es für uns ein zweites Mal: größte Düsen ein! Dann müssen wir mit dem Engländer um die Wette laufen, müssen unsere Maschinen wieder einmal auch das letzte hergeben, was sie nur zu leisten vermögen. 120 000 PS sind verdammt kein Pappenstiel!

Aber nichts rührt sich. Meile um Meile gleiten wir lautlos dahin. Der Gegner hat uns wohl tatsächlich nicht wahrgenommen.

Eine Stunde verrinnt, ohne daß von achtern eine Meldung kommt. Allmählich löst sich die Spannung. Wir sind sicher, der Engelsmann sitzt uns nicht auf den Fersen. Auch unsere Funkstation, die schärfstens den Verkehr beobachtet, meldet nichts Verdächtiges.

Die nächsten Stunden bringen wir ohne Zwischenfall hinter uns. Wohl bekommen wir hin und wieder einen harmlosen Frachtdampfer zu Gesicht, aber ein englisches Kriegsschiff, das Grund zur Aufregung gewesen wäre, läßt sich nicht sehen. Als das erste fahle Morgenlicht heraufkommt, haben wir die Gewißheit: das Schlimmste ist überstanden! Die Gefahr, in der Sperrzone entdeckt und verfolgt zu werden, ist vorüber!

„Sollen uns jetzt nur noch mit diesen Dreckdingern von Treibminen zufrieden lassen. Wieviele waren doch noch gleich gestern gemeldet, Herr Zöpf?"

„Vierzehn haben wir allein hier an der Südwestküste Norwegens eingezeichnet."

„Wenn wir eine sehen, dann sitzen wir auch schon drauf. Erwischen wir sie aber nicht gerade mit dem Steven, dann, denke ich, wird unsere Bugwelle so ein Ei schon vom Schiff freiwerfen."

### Unter den Fittichen deutscher Flieger.

Um neun Uhr am Dienstagmorgen stehen wir querab vom Kattegatt. Meile um Meile rückt das deutsche Minenfeld näher. Sind wir erst in seinem Schutz, haben wir kaum noch etwas zu fürchten. Gleichwohl, wir müssen weiter auf der Hut sein. Sich voreilig beruhigenden Gedanken hinzugeben, ist noch niemals unsere Sache gewesen.

„Flugzeug hält aus Süden auf uns zu", meldet da der obere Ausguck durch das Telefon auf die Brücke.

Wie elektrisiert richten sich die Gläser hoch und suchen den Horizont ab. Schnell kommt ein Punkt auf uns zu.

„Eine deutsche Maschine, kann deutlich das Eiserne Kreuz ausmachen", ruft einer der Offiziere.

Kein Zweifel, es ist ein deutsches Flugzeug. Wenige Augenblicke später tauchen noch zwei Maschinen aus der grauen Wolkendecke auf und halten ebenfalls auf uns zu. Mit einer Morselampe senden sie uns ihre Grüße herab, unser Schiff mehrere Male umkreisend.

Wir sind geborgen im Schutze der deutschen Luftwaffe, die in den letzten Wochen und Monaten bewiesen hat, welch eine gefährliche Waffe sie ist. Nun schützt sie auch unsere schöne „Bremen", wie seit dem September bereits die Heimat ruhig und sicher unter ihren starken Fittichen leben und arbeiten kann.

Systematisch nehmen die Flieger unsere Sicherung auf. In der ganzen Nordsee jedoch ist kein Engländer zu sehen. Ich habe mich nicht getäuscht: die deutsche Kriegsmarine hat hier gründlich aufgeräumt.

Schon glauben wir uns restlos in Sicherheit.

„Britisches U-Boot vier Meilen achteraus", meldet da plötzlich gegen elf Uhr ein Flugzeug und bleibt achteraus, sich um den ungebetenen Besucher zu kümmern.

Vier Meilen achteraus? überlege ich. Der kann uns nichts tun. Aber es könnten noch mehr von der Sorte da sein.

„30 Grad Steuerbord! Nach zehn Minuten wieder ändern, dann weiter im Zickzack", gebe ich Befehl.

Ich trete an den Kompaß, um dieses Zickzackfahren selbst zu dirigieren.

So, jetzt soll einer dieser Haifische ruhig versuchen, auf uns zu schießen; die Chance für ihn ist gleich Null. Die Geschwindigkeit und die Unberechenbarkeit, mit der wir dahinfahren, sind unsere große Sicherheit und Stärke. Wer bei diesem Zickzackkurs einen Schuß auf uns anbringen will, muß schon ein wahrer Künstler sein. Außerdem ist die Gefahr, von uns überrannt zu werden, für ein U-Boot nicht gerade gering. Und haben wir wirklich Pech, von e i n e m Torpedo wird die „Bremen" nicht gleich untergehen. Ihre Bauart — 15 Schotten unterteilen das Schiff in 16 wasserdichte Abteilungen — ist ein unübertrefflicher Sicherheitsfaktor. Vielleicht werden wir dann ein bißchen lahmen, aber nach Hause kommen wir, daran ist jetzt nicht mehr zu rütteln.

Eine halbe Stunde voll ungeheurer Spannung vergeht. Wie Magnete haften unsere Gläser auf der weiten Wasserfläche, sie systematisch nach Periskopen abkämmend. So sehr wir uns auch anstrengen, nichts ist zu entdecken. Und als nach einer guten halben Stunde das achteraus gebliebene Flugzeug wieder aufkommt, ist die Gefahr vorüber.

Mit äußersten Touren jagen wir durch die Nordsee. Ein einziger Gedanke erfüllt unsere Herzen: nach Hause, nach Hause, nach Hause . . .

Zwölf Uhr mittags. Unser Ansteuerungspunkt für das deutsche Minenfeld ist erreicht.

„Gott sei Dank, Herr Warning! Das hätten wir geschafft."

„Mir ist auch bedeutend wohler, daß nun zwischen uns und England das Minensperrgebiet liegt. Überwasserfahrzeuge können uns jetzt nicht mehr belämmern."

„Von oben und unten wird auch keiner mehr kommen. Wir sind so gut wie zu Hause."

„Zickzackkurs kann aufgegeben werden. Voraus alles klar", signalisiert einer unserer Begleiter aus der Luft.

Mit Südkurs geht es in die Deutsche Bucht hinein. Als hätte ihr die Heimatnähe Flügel verliehen, so fliegt unsere „Bremen" förmlich dahin, von deutschen Fliegern beschützt, deren Zahl inzwischen größer geworden ist.

Die erste Abenddämmerung senkt sich herab. Wir passieren die ersten deutschen Vorpostenboote, die hier draußen in Wind und Wetter treue Wacht halten.

„Alle Maschinen stop", gibt kurz nach sechs Uhr der Telegraf in die Maschine.

Wir haben die vereinbarte Position erreicht. Der Seelotse, der uns auf einem Torpedoboot entgegengekommen ist, wird an Bord genommen. So sorgfältig ist unser Geheimnis gehütet worden, daß selbst er bei Antritt seiner Fahrt nicht wußte, welches Schiff er hereinlotsen sollte. Er fällt aus allen Wolken, als er nun die riesigen, schattenhaften Umrisse der „Bremen" in der Dunkelheit vor sich sieht. Denn an den Positions= und Toplampen, die wir in der Deutschen Bucht aus Sicherheitsgründen wieder führen, hat er aus der Entfernung nicht ausmachen können, um wen es sich handelt. Er ist der erste Landsmann, der seinen Fuß auf die Planken der „Bremen" setzt. Unbeschreiblich groß ist seine Freude. Immer wieder schüttelt er uns die Hand.

„Na, die Engländer haben Sie doch längst versenkt, Herr Kommodore. Werden schön spucken, daß ihnen die ‚Bremen' zum zweiten Male entwischt ist."

„Die Totgesagten leben am längsten, mein Lieber."

„Maschinen voll voraus", erfolgt das Kommando. Die letzten zwanzig Seemeilen unserer Fahrt beginnen.

Das Torpedoboot, das den Lotsen herausgebracht hat, übernimmt jetzt unseren Schutz. Immer noch haben wir mit U-Bootgefahr zu rechnen. Aber dieser Gedanke ergreift gar nicht mehr von uns Besitz. Unsere Herzen weilen bereits in der Heimat. Die Freude, in kurzer Frist unsere Lieben wohl= behalten wiederzusehen, ist übermächtig. Uns allen scheint es, als brauchten wir nur noch einen großen Sprung zu tun, um wieder Boden unter den Füßen zu fühlen, deutsches Land, dem in den vergangenen Wochen und Monaten so manche liebe Stunde, so mancher lange Tag unser heißes Sehnen galt.

## In der Heimat, in der Heimat . . .

8.30 Uhr ist es, als wir in die Wesermündung ein= laufen. Wir sind endgültig in Sicherheit! Ein U-Boot= angriff in dem flachen Wasser ist nicht mehr zu befürchten.

Wie vertraut ist uns doch alles! Die Leuchtfeuer, die mit Kriegsbeginn gelöscht wurden, sind für diesen Abend zu unserer Orientierung wieder in Betrieb genommen. An Backbord voraus grüßt der Rotesand=Leuchtturm, an Steuerbord querab blinkt das Leuchtfeuer von Wangerooge zu uns herüber. Die ersten Grüße der Heimat nach monatelanger Abwesenheit, nach Kreuz= und Querfahrten durch Gewässer, die wir nie zuvor befuhren, nach einem Aufenthalt in einem Hafen, den zu sehen keiner von uns je geahnt hat!

Das alles liegt nun hinter uns wie ein böser Traum. Wir sind daheim! In Deutschland! In der Heimat! Das herrliche Gefühl des Geborgenseins hat völlig von uns Besitz ergriffen.

Die Wasserverhältnisse sind günstig. Wir haben auflaufenden Strom.

„Wollen Sie heute abend noch bis Bremerhaven gehen, Herr Kommodore?" fragt der Lotse.

„Das erscheint mir nicht ratsam. Meine Leute sind die letzten zweieinhalb Tage nicht aus den Klamotten gekommen; sie müssen unbedingt Ruhe haben. Außerdem sind auf der Weser viele Seezeichen eingezogen, so daß ich auch aus diesem Grunde das Schiff lieber erst morgen vormittag bei Tageslicht nach Bremerhaven heraufbringen möchte."

Um 9.18 Uhr rasselt die schwere Ankerkette in die Tiefe, 22 Seemeilen vor Bremerhaven, unserm Heimathafen.

Hundemüde sinkt an diesem Abend alles frühzeitig in die Federn. Seit Sonntag hat niemand mehr seine steifen Knochen ausstrecken können. Nur langsam löst sich die ungeheure Spannung der letzten Tage, nach und nach erst findet man den wohlverdienten Schlaf.

Erwartungsvoll bezieht die Besatzung in der Frühe des Mittwoch ihre Wachen. Die Freude, zum zweiten Male das Rennen gewonnen zu haben, unsere geliebte „Bremen", diesen kostbarsten Besitz der deutschen Handelsflotte, sicher heimgebracht zu haben, leuchtet aus aller Augen. Sie können es kaum abwarten, diese braven, furchtlosen Männer, daß unser Koloß sich wieder in Bewegung setzt.

„Hiev Anker!" ergeht schließlich kurz nach 9½ Uhr das Kommando.

„Anker ist auf!" erfolgt wenige Augenblicke später die Meldung von der Back.

„Maschinen halbe Fahrt voraus!"

Mit mäßiger Geschwindigkeit gleiten wir die Weser hinauf. Eine halbe Stunde später ist der Hoheweg passiert. Allmählich werden die flachen Ufer sichtbar, kommen näher und näher, bis wir nach einer guten Stunde das erste Wahrzeichen Bremerhavens, den schlanken Turm der Großen Kirche, erblicken.

Der neueste Schlepper des Norddeutschen Lloyd, „Steinbock", kommt uns entgegen und bringt uns außer den Behördenvertretern eine Reihe prominenter Gäste an Bord. Reichsverkehrsminister Dr. Dorpmüller hat es sich nicht nehmen lassen, nach Bremerhaven zu kommen, um im Namen der Nation das heimgekehrte Schiff, das die Engländer ja längst vernichtet hatten, zu begrüßen. Gemeinsam mit dem Vorsitzenden des Lloyd-Vorstandes, Dr. Rudolph Firle, spricht der Reichsverkehrsminister uns seine Glückwünsche aus. Schier unübersehbar ist die Reihe derjenigen, die ebenfalls herausgekommen sind, uns ihre Anerkennung zu zollen.

Die letzte halbe Stunde vergeht im Händumdrehen. Dann liegen wir wieder an jenem Platz vertäut, den wir vor beinahe vier Monaten verlassen haben: an der Columbuskaje, Deutschlands Bahnhof am Meer.

Marschmusik schallt vom Kai zur Brücke herauf. Eine Ehrenkompanie der Kriegsmarine ist angetreten, empfängt das größte Schiff der deutschen Handelsflotte mit präsentiertem Gewehr. In ihr grüßt die ganze deutsche Wehrmacht die „Bremen", grüßt sie als ihren Kameraden, als Repräsentanten Deutschlands, der siegreich die Flagge des jungen Reiches Adolf Hitlers über die Meere trug.

Nach dem Mittagessen wird die Mannschaft im Ballsaal versammelt. Dr. Dorpmüller und Dr. Firle feiern in markanten Worten den Einsatz der gesamten „Bremen"-Besatzung und heißen Schiff und Mannschaft in der Heimat auf das herzlichste willkommen.

Aus der Hand Dr. Firles darf ich den Kommodore-Stander des Norddeutschen Lloyd entgegennehmen. Einige Augenblicke muß ich mich sammeln, um der Gefühle Herr zu werden, die mich bewegen, die mich nach Tagen, Wochen und Monaten einer ungeheuren Verantwortung, einer ununterbrochenen seelischen und körperlichen Anspannung nun zu übermannen drohen. Dann habe ich mich wieder in der Gewalt. Ernst und feierlich ist mir zumute, als ich antworte:

„Wir haben nur unsere Pflicht erfüllt als deutsche Seeleute, und wir würden nicht eine Sekunde zögern, das gleiche noch einmal zu tun, wenn das Schicksal es von uns fordern sollte! Kameraden! Als England Anfang September uns den Krieg erklärte, habe ich euch zugerufen: Komme, was da wolle, die ‚Bremen' bekommen sie nicht! Dank eurer Hilfe konnte ich mein Wort halten. Stolz auf euch stelle ich nunmehr fest: Die ‚Bremen' bekamen sie nicht!" —

## Das Echo.

Ja, die „Bremen" bekamen sie nicht. So sehr sie sich auch mühten, so prompt sie am Tage unserer Ankunft ihre Flieger an die deutsche Küste schickten, sie konnten uns nicht mehr das geringste anhaben.

Verdammt, wir hatten nichts zu lachen auf der Fahrt von New York nach Murmansk. Die Anforderungen körperlicher und seelischer Art, wie sie auch an den letzten von uns gestellt wurden, waren nicht von schlechten Eltern. Stunde um Stunde mußten wir mit der Möglichkeit rechnen, einem schnellen englischen Kriegsschiff in die Arme zu laufen, mußten wir darauf gefaßt sein, unsere geliebte „Bremen" dem Meere preisgeben zu müssen und selbst einem ungewissen Schicksal entgegenzugehen.

Aber wenn dann hin und wieder der erste Funkoffizier Gerstung auf die Brücke oder ins Kapitänszimmer kam und eine aufgefangene Meldung über unseren Verbleib zum besten gab, erlebten wir doch Augenblicke unbeschwerter Heiterkeit.

„Heute sind wir von britischen Kreuzern in den Hafen von Halifax eingebracht worden, falls Sie es noch nicht wissen sollten, Herr Kapitän", meldet Gerstung eines Tages.

„Großartig! Nur gut, daß wir nicht mit von der Partie sind, sondern kleine 1000 Seemeilen bereits von Halifax weg! Jedenfalls haben die Engländer keinen Schimmer, wo wir abgeblieben sind."

Schon als wir längst in Sicherheit sind, hören die Kombinationen über unsern Verbleib nicht auf. So unverständlich sie sind, so einwandfrei beweisen sie aber auch samt und sonders, daß es uns tatsächlich gelungen ist, unsere Spur zu verwischen, und daß selbst dann die Wahrheit noch nicht durchdringt, als wir schon gute zwei Wochen in Rußland weilen.

Einem Freunde verdanke ich die Sammlung der nachstehenden Pressestimmen:

„Il Popolo D'Italia", vom 6. September 1939.

### Die „Bremen" in Vera Cruz binnengelaufen.

Zwei große deutsche Dampfer, die „Bremen" und die „Columbus", konnten sich in einem neutralen Hafen, nämlich Vera Cruz, in Sicherheit bringen.

„Tidens Tegn", Oslo, den 8. September 1939.

### „Bremen" in einem neutralen Hafen in Sicherheit?

Berlin, 7. 9. Von unterrichteter Seite wird hier gesagt, daß die „Bremen", die angeblich von britischen Schiffen aufgebracht worden sein sollte, sich jetzt in einem neutralen Hafen in Sicherheit befindet. Es dürfte sich um einen Hafen in einem Lande handeln, das einen Nichtangriffspakt mit Deutschland hat. In gut unterrichteten Kreisen glaubt man, daß die „Bremen" ebenso wie die „Europa" auf ihrer letzten Tour von New York ihren Kurs über die isländischen Gewässer gesetzt hat und sich daher in einen neutralen Hafen retten konnte.

„Gazet van Antwerpen", vom 9. September 1939.

### „Bremen" im Hafen von Reykjavik.

Wie ein UP berichtet, soll der deutsche Dampfer „Bremen" sich im Hafen von Reykjavik auf Island in Sicherheit befinden. Da Dänemark neutral bleibt, hat das Schiff anscheinend Donnerstag morgen den Hafen angelaufen.

### Die „Bremen" nicht in Reykjavik.

Anschließend wird noch gemeldet, daß die „Bremen" nicht in dem isländischen Hafen angekommen ist.

„Lloyd Anversois", Antwerpen, den 12. September 1939.

### Das Schicksal der „Bremen".

„Nieuwe Rotterdamsche Courant" schreibt, daß zwei Tage nach Abfahrt von New York, also auf offener See, die „Bremen" unter die italienische Flagge gesetzt wurde. Durch Drahtlos soll der Kapitän der „Bremen" entsprechende Anweisungen erhalten haben, indessen sollen sich zu dieser Zeit die entsprechenden Dokumente bereits an Bord der „Bremen" befunden haben. Die Zeitung fügt hinzu, daß das Schiff unter der italienischen Flagge Kurs auf einen Hafen der italienischen Halbinsel gesetzt hat, wo es bereits eingetroffen sein dürfte.

„Aftonbladet", Stockholm, den 15. September 1939.

### Das Schicksal der „Bremen" immer noch unbekannt.

London, 15. 9. Das Schicksal des deutschen Riesendampfers „Bremen" ist immer noch ungewiß, und alle Art Gerüchte zirkulieren hier im Zusammenhang mit diesem Fahrzeug. Eine Verlautbarung, daß die „Bremen" die Nationalität geändert haben sollte, seit sie New York verließ und nun auf dem Wege zu einem italienischen Hafen sei, wird in Seefahrtkreisen für sehr wahrscheinlich gehalten. Man betont jedoch, daß, selbst wenn dies der Fall sein sollte, es kein Hindernis sei, daß es von britischen Kriegsfahrzeugen beschlagnahmt und als gute Prise in einen englischen Hafen gebracht würde. Es wird darauf hingewiesen, daß das internationale Seerecht dies zulasse.

„Gazet von Antwerpen", den 15. September 1939.

### Die „Bremen" in einem spanischen Hafen.

Das Nederlandsch Algemeen Handelsblad teilt mit: Wie wir aus Berlin vernehmen, befindet die „Bremen" sich in einem spanischen Hafen. Bekanntlich war die „Bremen" ohne Passagiere auf dem Wege von New York nach Europa, als England und Frankreich an Deutschland den Krieg erklärten. Allerlei Gerüchte haben über das Schiff die Runde gemacht. Ein anderes Gerücht wollte sogar wissen, daß die „Bremen" auf See in italienische Hände übergegangen sei, wofür alles vorher in Ordnung gebracht worden sein sollte. Auch dieses letzte Gerücht ist, wie aus Bremen, dem Sitz des Norddeutschen Lloyd, gemeldet wird, unbegründet.

„Aftonbladet", Stockholm, den 17. September 1939.

### Ist die „Bremen" verunglückt?

London, 16. 9.: Das Geheimnis um den deutschen Riesendampfer „Bremen" scheint immer undurchdringlicher zu werden. Zuletzt berichtete das Gerücht, daß der deutsche Dampfer von Italien übernommen worden sei und sich auf dem Wege von USA. nach einem italienischen Hafen befände, während ihn ein englisches Kriegsfahrzeug jagte. Jetzt befürchtet man jedoch, daß die „Bremen" verunglückt ist, weil ein Rettungsring mit dem Namen der „Bremen" an der Küste von Massachusetts an Land getrieben ist.

„De Telegraaf", Amsterdam, den 21. September 1939.

### Die „Bremen" doch gekapert?

London. Nach Berichten, die heute früh in London empfangen wurden, ist der deutsche Dampfer „Bremen" in einem britischen Hafen angekommen unter Eskorte von Kriegsschiffen. Amtliche Bestätigung war nicht zu erlangen, doch wurde dem Bericht nicht widersprochen.

„Gazet van Antwerpen", den 23. September 1939.
## Die „Bremen" in Murmansk.

Der deutsche Generalkonsul in New Orleans, Baron Edgar von Spiegel, hat gesagt, daß die „Bremen" sicher im Hafen von Murmansk liegt. Er fügte hinzu, daß ein Sonderberichterstatter des italienischen Blattes „La Stampa" die Mannschaft in genanntem Hafen interviewt hat. Der Kapitän soll, nachdem er New York verlassen hatte, die versiegelte Order, die er für den Kriegsfall mitbekommen hatte, geöffnet haben. Das Schiff wurde sehr sorgfältig getarnt und vermied die übliche Route. Die „Bremen" hat zwölf Tage gebraucht, um so zu manövrieren, daß sie außer Sicht des Feindes Murmansk erreichte, was ihr glänzend gelungen ist.

Tja, wo waren wir nicht überall! Wenigstens nach der Meldung von Nachrichtenbüros und Zeitungen, die sie ihren Lesern über den Verbleib der „Bremen" bekanntgaben. Besonders bemerkenswert und aufschlußreich sind zwei der vorstehenden Meldungen, nämlich die des Aftonbladet vom 17. September und die des „Telegraaf" vom 21. September, die beide aus London datiert sind. Wenn man uns schon nicht fangen konnte, so konnte man uns ebensowenig den Erfolg gestatten, unversehrt in einen neutralen Hafen entkommen zu sein! Zu der „Telegraaf"-Meldung, die „Bremen" sei unter Eskorte von britischen Kriegsschiffen in einem britischen Hafen angekommen, hüllten sich die Engländer vielsagend in Stillschweigen!

\*

Kaum ist die Kunde von der glücklichen Heimkehr des Spitzenschiffes der deutschen Handelsflotte in die Welt gedrungen, da setzt auch schon ein wahres Trommelfeuer von Telegrammen und Briefen aus aller Herren Länder ein. Führende Männer der Partei, des Staates, der Wehrmacht und der Wirtschaft, Freunde und Bekannte, ehemalige Passagiere der „Bremen" oder des „Columbus", der vorher lange Jahre meinem Kommando unterstand, frühere Besatzungsmitglieder, aber auch völlig unbekannte Volksgenossen geben ihrer Freude und Anerkennung in bewegten und begeisterten Worten Ausdruck. Nicht wenige sind ihrer, die den Pegasus bestiegen haben und in schwungvollen Versen das Ereignis besingen. Unter ihnen gebührt Heinrich Anacker der erste Platz. Er schreibt:

### Glückhafte „Bremen", ahoi!

„Bremen", du glückhaftes Schiff,
    heil bist du dem Feinde entkommen,
Der vor New York dich belauert,
    der dich im Norden gesucht.
Nimm unsre Freude als Dank,
    und unser jubelnd' Willkommen!
Stolzere Heimkehr sah wahrlich
    niemals die Deutsche Bucht!

Unsere Hoffnung schon warst
    du in Deutschlands erbärmlichsten Zeiten,
Und deine Siege befeuerten
    oft den gesunkenen Mut —
Aber sie all' überstrahlt
    die Odysseusfahrt durch die Weiten,
Da unsre Adler dich schirmten
    vor der britannischen Wut!

Was einst Columbus vollbracht,
       es wurde geehrt und bewundert;
Und von des Magelhaes Taten
       leuchtet bis heute der Ruhm —
Also auch kerbt deine Fahrt
       die Runen für u n s e r Jahrhundert,
Kündet von hansischem Geiste,
       kündet von Wikingertum!

Von deinem Kapitän
       bis herunter zum jüngsten der Jungen
Dankt deiner tapferen Mannschaft
       das Volk für den herrlichen Streich.
Glückhafte „Bremen"! Es sei
       hell dir ein Preislied gesungen —
Denn wie der kühnste der Kreuzer
       brachtest du Ehre dem Reich!

 Flüchtig haben sich oft nur unsere Wege gekreuzt, und doch bringen Hunderte ihre Gefühle der Freude über die Tat zum Ausdruck, die für alle, die sie zur Ausführung brachten, ausnahmslos nichts anderes ist, als eine selbstverständliche Pflichterfüllung. Ein wenig unleserlich oftmals, von ungelenker Hand geschrieben, stehen die Worte auf dem Papier. Unbeholfen ist so manches Mal der Ausdruck. Aber kommt es denn auf die Geschmeidigkeit der Sätze an, auf die sorgsame Wahl des Ausdrucks, wenn das, was einen im tiefsten Innern bewegt, unserem Nächsten begreiflich gemacht werden soll? Sind nicht vielmehr der Geist und die Lauterkeit des Wollens, die sehr wohl auch aus schlichten Worten zu sprechen vermögen, das allein Entscheidende? Selbst den nüchternsten Betrachter dieser vielen, vielen Briefe überkommt die Rührung, wenn er feststellt, wie zahl=

reich jene Zeilen sind, die den lückenlosen Lebenslauf des Schreibenden darstellen, nur damit sich der Empfänger auch genau seiner erinnert. Begeisterung, Liebe, Verehrung strömen alle diese Schriftstücke aus.

Am Freitagvormittag, zwei Tage nach unserer glücklichen Ankunft, will ich das Schiff verlassen, um mich mit meiner Frau nach Monaten unfreiwilliger Abwesenheit wieder in mein Heim nach Bremen zu begeben. Mit der Frühpost sind wieder wahre Berge von Briefen eingetroffen.

„Was machen wir nur damit, Herr Warning? Wenn das noch acht Tage so weiter geht, muß ich einen Sekretär engagieren und außerdem anbauen lassen."

Aber Warning ist auch durch diese Flut, die uns Post für Post da heranschwemmt, nicht aus der Fassung zu bringen.

„Sammeln, sorgfältig sammeln, Herr Kommodore", meint er gleichmütig. „Die Schriftstücke werden mal historischen Wert haben." Und schon greift er wieder einen Stapel Briefe, um dann einem nach dem andern in aller Seelenruhe den Bauch aufzuschlitzen.

Nun, ich habe Warnings Rat nicht nur befolgt, sondern die folgenden Wochen dazu benutzt, jedem einzelnen zu antworten. Gewiß, das war eine Sysiphusarbeit! Aber Gründlichkeit und Ausdauer haben es denn doch geschafft.

In den frühen Nachmittagsstunden des 15. Dezember, einem frostklaren, hellen Vorweihnachtstage, lenke ich meine Schritte zum ersten Male wieder durch die anheimelnden und vertrauten Straßen Bremens, das mir seit etwas länger als Jahresfrist zur zweiten Heimat geworden ist, nachdem bis dahin das idyllische Speckenbüttel, der bekannte Villenvorort Bremerhavens, mein Wohnsitz war.

Jetzt erst bin ich richtig daheim. Die hastenden, jagenden Gedanken, die die Ereignisse der letzten Wochen und Tage noch nicht gänzlich verarbeitet haben, machen nach und nach ruhigeren Überlegungen Platz.

Der Augenblick des 3. September steht wieder vor mir, da Gerstung mir die Nachricht von der englischen Kriegserklärung bringt und da ich nur wenige Minuten später zu der „Bremen"-Besatzung spreche, sie von dem Unabänderlichen in Kenntnis zu setzen. Und auch der Abschied von New York wird lebendig! Wie hatte doch gleich noch Direktor Schröder gesagt, bevor er das Schiff verließ?

„Sie kommen durch, Kapitän Ahrens!"

Ich selbst bin am dankbarsten, daß er recht behalten hat.

I.d.Halle d.BREMEN nach Rückkehr
v.Murmansk 14.XII.39

Kpt.Ahrens

I.I.O.Warning

1.O.Rickleſs

Ostw.Junghanns

Ltd.Ing.Müller